AF619701

ENFANCE

DE

NAPOLÉON Ier.

ENFANCE

DE

NAPOLÉON IER

PAR

J. MARANDET

> Formez l'enfant dès l'entrée de sa voie car il ne s'en éloignera pas, même dans sa vieillesse.
>
> PROV. CH. XXII, V. 6.

PARIS,
LIBRAIRIE DE ÉMILE MELLIER,
RUE PAVÉE-SAINT-ANDRÉ, 17.

—

1857.

Celui qui honore sa mère est un homme qui amasse un trésor.

ECCLÉSIASTIQUE, CH. III, V. 5.

Napoléon Ier disait à Sainte-Hélène :

« Mon excellente mère a un caractère
« mâle, fier et rempli d'honneur. Sa ten-
« dresse était sévère ; elle punissait, ré-

« compensait indistinctement : le bien, le « mal, elle nous comptait tout. Elle veillait « sur nous avec une sollicitude qui n'a pas « d'exemple. Les sentiments bas, les af- « fections peu généreuses étaient écartés, « flétris ; elle ne laissait arriver à nos jeunes « âmes que ce qui était grand et élevé. « Elle abhorrait le mensonge, sévissait « contre la désobéissance ; elle ne nous « passait rien. C'est à ma mère, ajoutait-il, « c'est à ses bons principes, que je dois ma « fortune et tout ce que j'ai fait de bien. « *Je n'hésite pas à le dire, l'avenir d'un enfant* « *dépend entièrement de sa mère.* »

Enfants, pour qui j'écris cette histoire, puissent vos mères s'inspirer de ces paroles, et que Dieu mette dans vos jeunes cœurs le respect et la profonde vénération que la mère de Napoléon Ier mérita et obtint si complétement de son glorieux fils !

CHAPITRE Ier.

—

ORIGINES DE LA FAMILLE BONAPARTE.

La famille Bonaparte est ancienne et illustre. — Preuves. — Elle se divise en deux branches principales. — Branche de Trévise. — Branche de Florence. — Division de cette branche. — Les Bonaparte de Corse.

CHAPITRE Ier.

La famille est sans doute composée d'individus qui n'ont rien de commun suivant le raisonnement, mais suivant l'instinct et la persuasion universelle, toute famille est UNE.

DE MAISTRE. Soirées de St-Pétersbourg.

ORIGINES DE LA FAMILLE BONAPARTE.

La famille Bonaparte est ancienne et illustre. — Preuves. — Elle se divise en deux branches principales. — Branche de Trévise. — Branche de Florence. — Division de cette branche. — Les Bonaparte de Corse.

La famille Bonaparte est illustre ; son origine connue remonte d'une façon incontestée jusqu'au XIe siècle, et d'anciennes chartes prouvent qu'elle a joué le premier rôle à Trévise, à Florence, à Bologne, etc., etc. Lorsque le jeune vainqueur de l'Italie entra victorieux dans Trévise, les chefs de la ville vinrent au-devant de lui avec des titres qui prouvaient que sa famille était au nombre de celles qui occupaient toujours les charges suprêmes. A Bologne, les députés du sénat lui présentèrent le livre d'or où se trouvaient le nom et les armoiries des Bonaparte. A Florence, plusieurs maisons et édifices, encore chargés des écussons de cette famille, attestent qu'elle comptait entre les plus honorées et les plus puissantes.

La famille Bonaparte se divise en deux branches principales : celle de Trévise et celle de Florence. La première a jeté le plus vif éclat : traités de paix ou de commerce, services éminents rendus au pays, ambassades, négociations difficiles, magistratures suprêmes, fondations d'établissements religieux et de charité (1) : partout le nom des Bonaparte apparaît au premier rang dans l'histoire des villes d'Italie, depuis le XIe jusqu'au XVIe siècle. Vers l'an 1314, les Trévisans voulant donner une preuve éclatante

(1) Die tertiâ aprilis, anno millesimo nonogesimo, obiit Nordius Bonapars, eques ordinis beatissimæ Virginis Mariæ, inhumatus in ecclesiâ sancti Jacobi de Spata, ab ipso constructâ ob pauperum œgrotorumque causam. (Nécrologe de Saint-Nicolas de Trévise.)

de leur reconnaissance aux Bonaparte, qui leur avaient rendu tant d'éminents services, les investirent, par un vote solennel de la population entière, de la propriété du château de Saint-Zenon, et leur accordèrent, honneur rare et insigne, le droit exclusif d'être accompagnés d'hommes d'armes, pour leur garde personnelle, dans la ville comme au dehors.

La branche des Bonaparte toscans n'est pas moins illustre. On les voit occuper les premières charges et se distinguer au milieu des agitations causées par les deux factions des Guelfes et des Gibelins (1). Un Nicolas Bonaparte, appelé le Gibelin, fut

(1) On désigne sous ce nom deux partis puissants qui ensanglantèrent l'Italie pendant près de quatre siècles. Ils étaient sortis d'Allemagne. Deux familles illustres de ce pays, ayant pour chefs, l'une Conrad, duc de Souabe, seigneur de Weiblingen (d'où par corruption Gibelin); l'autre, Henri-le-Superbe, duc de Saxe, neveu de Welf II (Guelfe), duc de Bavière, se disputèrent la couronne impériale après la mort de Lothaire (1138). Le chef des Gibelins ayant été élu, la famille des Guelfes refusa de le reconnaître et lui chercha partout des ennemis. Les Guelfes

exilé, après le triomphe des Guelfes, *ob nimiam potentiam*, à cause de sa puissance trop grande (1268). Persécutés, poursuivis, leurs biens confisqués en grande partie, voyant leur patrie tombée sous la domination de Venise, les Bonaparte ne cédèrent pas à la mauvaise fortune; ils ne se soumirent pas aux vainqueurs; ils abandonnèrent Florence vers la fin du XIVe siècle, se divisèrent en plusieurs branches et firent des établissements à San-Miniato, à Sarzane, à Bologne, selon l'impulsion des temps.

La branche la plus remarquable fut celle qui vint se fixer à San-Miniato, ville gibeline. Elle y devint une des plus célèbres

trouvèrent des partisans nombreux en Italie, qui devint le théâtre d'une guerre ouverte, dès 1159, entre les partisans de la domination impériale (Gibelins) et les défenseurs de la domination du Saint-Siége (Guelfes). Après la mort de l'empereur Frédéric (1250), ces querelles dégénérèrent en une lutte particulière entre deux ou quelques villes, entre deux ou quelques familles puissantes d'une même ville, et ne se terminèrent que par l'effet de la lassitude générale, et surtout par la diversion produite dans les esprits par l'invasion des Français en Italie, en 1495.

familles, non-seulement de cette cité, mais encore de toute l'Étrurie, et compta entre les maisons les plus nobles et les plus puissantes. Les Bonaparte de San-Miniato occupèrent avec éclat des charges civiles et illustrèrent la chaire et le barreau; plusieurs, honorés de la confiance des papes, furent des négociateurs habiles, les hommes les plus distingués de l'époque (1).

Mais ce qui les signala surtout, c'est leur goût pour les lettres, goût constant, qui donne un cachet tout particulier à cette grande race et qui, de nos jours, suffirait à son illustration. Jacques Bonaparte, vivant à la cour de Clément VII et mêlé aux grandes affaires de l'époque, a laissé plusieurs ouvrages *di summo gusto ed erudizione*, entr'autres le *Sac de Rome par le connétable de Bourbon, en* 1527 (2). Étienne Fabrucci cite plusieurs

(1) Clarissimo suæ ætatis et patriæ viro Joanni Jacobi Mocio de Bonaparte qui obiit MCCCCXXXI die XXV septembris, Nicolaus de Bonaparte apostolicæ cameræ clericus fecit genitori bene merenti et posteris (Chiodo di Firenze).

(2) Ragualio storico di tutto l'accorso, giorno per giorno,

Bonaparte avec éloge dans son *Histoire de l'Université de Pise*, et particulièrement Nicolas Bonaparte, qui professait à cette école et contribua à introduire la littérature dans l'étude de la jurisprudence civile (1). La *Veuve* (2), première comédie qui marque la renaissance des lettres et se distingue par une pureté de style très remarquable, est un ouvrage du même auteur.

Au commencement du xve siècle, un membre de cette famille se détacha de San-Miniato pour s'établir à Sarzane; et, dans la dernière moitié du xvie siècle, un descendant de cette branche passa en Corse où il devint la souche des Bonaparte de cette île. Ils fixèrent leur résidence à Ajaccio, où ils ne tardèrent pas à s'allier aux plus grandes maisons du pays.

nel sacco di Roma, l'anno 1527; opere di Jacobo Bonaparte. (Traduit par N. L. B. et imprimé à Florence en 1830.)

(1) Primo introduttore della jurisprudenza culta nello studio di Piza.

(2) *La Vedova*, Comedia facetissima di Nicolò Bonaparte (Firenze 1592).

L'illustre famille des Bonaparte réunit donc en elle tous les genres de gloire : la

Les armoiries de la branche de la Corse, avant son avénement à l'Empire, étaient : ***de gueules à deux barres d'or, accompagnée de deux étoiles du même, l'une en chef et l'autre en pointe.***

gloire des armes, la gloire des lettres ; elle eut des hommes éminents dans la politique et dans les sciences, et l'Église lui doit un de ses saints (1). A voir cette série constante d'illustrations, on dirait que la Providence a voulu préparer ainsi cette race à l'exercice de l'autorité souveraine qui doit renfermer en elle tous les mérites et toutes les vertus !

(1) A Bologne, dans l'Église de Sainte-Elgide, parmi les monuments dont les écussons armoriés couvraient les dalles funéraires, il s'en trouvait un qui attirait encore au XVIIIe siècle de nombreux pélerins ; c'était celui qui renfermait le corps du bienheureux Bonaparte. Il avait, dit-on, guéri un grand nombre de malades, comme l'atteste l'inscription suivante gravée en lettres d'or sur son tombeau :

Arca Bonapartis corpus tenet ista beati ;
Sanavit multos et se sanctum esse probavit.

CHAPITRE II.

CHARLES-MARIE BONAPARTE. — LETIZIA RAMOLINO.

Charles-Marie-Bonaparte. — Il va faire ses études à Pise. — Son caractère. — Son influence sur ses condisciples. — Retour en Corse. — Visite à Paoli. — Il se marie avec Letizia Ramolino. — Soulèvement de la Corse. — Guerre dite de l'indépendance. — Charles Bonaparte y prend une grande part. — Sa femme l'accompagne. — L'hôtel Caffori. — Courage extraordinaire de Mme Letizia. — Bataille de Ponte-Novo. — Retraite sur le Monte-Rotondo. — Fatigues de Mme Letizia. — Réunion définitive de la Corse à la France. — Retour à Ajaccio.

CHAPITRE II.

> Madame-Mère avait un grand caractère, de la force d'âme, beaucoup d'élévation et de fierté.
>
> MÉMORIAL DE SAINTE-HÉLÈNE.

CHARLES-MARIE BONAPARTE. — LETIZIA RAMOLINO.

Charles-Marie-Bonaparte. — Il va faire ses études à Pise. — Son caractère. — Son influence sur ses condisciples. — Retour en Corse. — Visite à Paoli. — Il se marie avec Letizia Ramolino.

Charles Bonaparte, père du fondateur de la dynastie napoléonienne, naquit à Ajaccio, le 29 mars 1746. D'une taille au-dessus de la moyenne, il avait l'air noble, imposant; ses manières, d'une rare distinction, révélaient l'homme de race patricienne. A cette époque, la Corse, privée de tout établissement scientifique par l'ombrageuse république de Gênes, envoyait les plus nobles de ses enfants faire leurs études en Italie.

Ce fut à l'Université de Pise que Charles Bonaparte vint étudier la jurisprudence. Il s'y fit remarquer par son intelligence et sa libéralité ; et les jeunes insulaires, ses condisciples, qui l'avaient connu sur les bords de l'Arno, le vantaient, à leur retour en Corse, comme un ami généreux, un savant distingué, commençant ainsi la grande réputation qu'il devait bientôt acquérir par son éloquence et son patriotisme.

Quand il revint dans son pays, la faveur avec laquelle on l'accueillit fut si générale qu'elle attira l'attention de Pascal Paoli, alors tout-puissant en Corse. Le général, qui cherchait à s'entourer de gens de cœur, demanda que le jeune Charles Bonaparte lui fût présenté ; il lui fit l'accueil le plus flatteur et l'attacha à sa personne. Plein d'admiration pour le héros de la Corse, Charles Bonaparte ne l'aurait plus quitté si l'état de ses affaires le lui eût permis; mais sa famille, ayant fondé sur l'éclat de ses études de grandes espérances, voulut qu'il revînt dans sa ville natale, et il eut bientôt de grands succès de parole au barreau d'Ajaccio.

Ce fut à cette époque qu'il s'éprit d'une jeune fille, âgée de quinze ans à peine et douée d'une rare beauté, Letizia Ramolino, dont la famille, aussi originaire d'Italie, était alliée aux comtes de Colalto et comptait plusieurs doges parmi ses ancêtres. Mais les Bonaparte étaient tout entiers au parti national, tandis que les Ramolino tenaient au parti génois par le mariage en secondes noces de la mère de Letizia avec François Fesch, capitaine du régiment suisse au service de la république. Cette divergence d'opinion, qui divisait les deux familles, arrêta un instant l'union projetée. Dans leur embarras, les jeunes gens eurent recours à Paoli, et le général, qui alors régnait de fait dans l'île, interposa sa médiation d'une manière efficace : tout obstacle fut levé et le mariage célébré.

Soulèvement de la Corse. — Guerre dite de l'indépendance. — Charles Bonaparte y prend une grande part. — Sa femme l'accompagne. — L'hôtel Gaffori.

Cependant de graves événements se préparaient dans la Corse. Gènes, qui possédait cette île depuis quatre siècles (1327), sans avoir pu complètement la soumettre, avait sans cesse recours à des troupes étrangères pour y réprimer des révoltes continuelles. Des troupes françaises occupaient, depuis 1764 (1), pour le compte de la république sérénissime, les places qu'elle possédait encore sur le littoral. Mais, cette occupation ne devait durer que quatre années. Les Corses, déjà maîtres des villes de l'intérieur, espéraient chasser entièrement les Génois, réduits à leurs propres forces, après l'expiration du traité, et proclamer leur indépendance. Le terme de l'occupation (4 août 1768) allait arriver, lorsque Gènes, se reconnaissant toujours impuissante pour éta-

(1) Traité du 7 août 1764, signé à Compiègne, entre l'ambassadeur de Gènes et la cour de France.

blir une domination solide en Corse, dut se résoudre à abandonner une possession aussi glorieuse et vendit ses droits au roi de France (1). Le 28 août 1768, Louis XV proclama, dans un édit royal, la réunion de l'île au territoire français.

A cette nouvelle, Paoli, ne comprenant pas le véritable intérêt de son pays, qui était de s'unir à la plus grande nation de l'Europe, souleva une insurrection générale en Corse. Charles Bonaparte, qui n'avait alors que vingt-deux ans, embrassa avec ardeur la cause de l'homme qu'il avait admiré jusque-là, et qui, à l'occasion de son mariage, lui avait donné un témoignage d'affectueuse considération. Il réunit aussitôt ses amis, ses serviteurs et, à la tête de la piève de Talavo (2), sur laquelle il avait la plus grande

(2) Traité signé, le 15 mai 1768, entre le duc de Choiseuil, pour la France, et Dominique Sorba, ambassadeur de Gènes, par lequel le roi de France se substitue aux droits de la république sur l'île de la Corse.

(1) La *Piève* est une circonscription territoriale correspondant à peu près à notre canton. Chaque *piève* renfer-

influence, il accourut à la voix de Paol. Sa jeune épouse, femme à l'âme ardente et virile, avait voulu l'accompagner.

Charles Bonaparte était devenu un homme politique, jouant, tout jeune encore, un rôle dans les affaires de son pays; son instruction, sa connaissance des lois l'avaient fait rechercher par les principaux personnages de l'île, et son extérieur imposant, son éloquence vive et passionnée lui avaient acquis une grande popularité. Le général lui fit l'accueil le plus empressé, et, pour montrer quelle importance il attachait à son concours, il lui désigna pour demeure l'hôtel de Jean-Pierre Gaffori, qui avait dirigé précédemment les affaires de la Corse, donné une grande impulsion à la guerre de l'indé-

mait des familles influentes, souvent en guerre, mais qui suspendaient leurs querelles à la menace d'un danger public et se réunissaient, comme les *clans* de l'Écosse, pour la défense commune. Dans une guerre étrangère ou intérieure, chacun s'armait à ses frais et venait combattre sous la bannière de l'une des familles les plus considérables de la *Piève*.

pendance et dont le nom était cher aux insulaires à l'égal de celui de Paoli. Voici un trait de ce Gaffori qui, pendant son administration, montra le plus héroïque dévouement, le plus ardent patriotisme. Ayant eu mission d'établir le siège du gouvernement à Cortè, Gaffori avait déjà chassé les Génois de cette ville et attaquait vivement la citadelle. Tout-à-coup les Corses cessent leur feu, ils reculent en poussant un cri d'horreur à la vue d'un enfant qui vient d'être attaché sur la brèche. Les ennemis avaient fait prisonnier, le matin, le plus jeune des fils de Gaffori ; c'est cet enfant que le commandant génois a fait exposer aux coups des assaillants, espérant glacer leur audace par cette résolution barbare. Mais le général corse est sourd à la voix du sang, il n'écoute que la voix de la patrie : « Soldats, en avant !.... s'écrie-t-il, je suis citoyen avant d'être père. » Aussitôt l'assaut recommence avec fureur, la citadelle est emportée ; Dieu ne voulut pas que ce malheureux père eût à souffrir du sacrifice de son généreux patriotisme ; Gaffori put embrasser son enfant qu'aucune balle n'avait atteint. Ce citoyen intrépide avait une femme non moins intrépide que lui. Menacée pendant une expédition de son mari d'être enlevée par les Génois, elle réunit chez elle les gens de sa piève, se barricada, fit descendre un baril de poudre dans une salle basse et dit, tenant une mèche allumée : « Si « j'entends votre feu se ralentir, je me fais « sauter avec vous. » Cette résolution désespérée fit prolonger la défense ; Gaffori eut le temps d'arriver au secours de sa femme et de la sauver.

C'est dans cette demeure que fut conçu Napoléon. Ces murs, qui ont vu tant d'actions de vaillance, criblés par les balles et les boulets des Génois, oppresseurs du pays; ce tumulte des armes, cette agitation nationale, ce fut là ce qui entoura le berceau de l'homme héroïque qui devait un jour exalter sa patrie au-dessus de toutes les autres et surpasser les plus grands capitaines du monde.

Courage extraordinaire de Mme Letizia. — Bataille de Ponte-Novo. — Retraite sur le Monte-Rotondo. — Fatigues de Mme Letizia. — Réunion définitive de la Corse à la France. — Retour à Ajaccio.

La guerre était rallumée sur tous les points de l'île, et Mme Letizia accompagnait partout son mari, continuant, malgré son état de grossesse avancée, à montrer une énergie et une force indomptables. Au-dessus des faiblesses de son sexe, elle prenait à tout ce qui se passait la part la plus active ; elle faisait à pied ou à cheval des courses longues et pénibles à travers les mâquis, gravissait les flancs escarpés des montagnes, bivouaquait, couchée sur le sol nu, et quittait les retraites les plus sûres pour s'avancer jusque sur les champs de bataille, au milieu des boulets et des balles, sans autre préoccupation que les dangers de son pays et de son mari : « Je « portais dans mon sein mon Napoléon, dit- « elle quand elle fut Madame-Mère, avec la « même joie, la même sérénité que j'éprouvai « à le tenir dans mes bras, à l'allaiter de mon « lait. Je n'avais d'autre préoccupation que

« le danger de son père et ceux de la Corse.
« Pour avoir des nouvelles de l'armée, je
« quittais les retraites les plus sûres de nos
« roches escarpées, où l'on avait rélégué les
« femmes, m'avançant jusque sur les champs
« de bataille ; j'entendais les balles siffler à
« mon oreille, mais je ne craignais rien sous
« la protection de la Sainte-Vierge à qui j'a-
« vais déjà voué mon Napoléon. »

Mais la lutte était trop inégale. Les Corses furent vaincus à Ponte-Novo (mai 1769) ; ce fut le dernier champ de bataille. Paoli, découragé après cette journée, comprit que c'en était fait de la nationalité corse, et résolut d'abandonner sa patrie. Il gagna Portovecchio, où il s'embarqua sur un vaisseau anglais, avec son frère et quelques fidèles qui voulurent partager son exil.

Les Français s'avancèrent alors sur Cortè, dernière retraite des chefs des pièves. Les femmes, les enfants, les vieillards des familles qui avaient marqué dans cette dernière prise d'armes, et parmi eux la famille Bonaparte, escortée par ses serviteurs et sa fidèle piève de Talavo, abandonnèrent la ville pour aller chercher un asile sur le Monte-Rotondo, dont les cîmes sont couvertes de neiges éternelles. Après avoir franchi les montagnes boisées de pins, posées en contre-forts aux flancs du Rotondo, les fugitifs marchèrent encore une demi-journée à travers des chemins détournés, des sentiers étroits et rocailleux; et lorsqu'on fut arrivé sur le plateau élevé, terme de ce pénible voyage, d'où l'on découvre la Méditerranée, les côtes de Sardaigne, et, dans un éloignement vaporeux, les rives de l'Italie et même de la France, les femmes s'abritèrent sous quelques roches avancées, tandis que les hommes agitaient cette douloureuse question : fallait-il se soumettre? fallait-il abandonner la Corse? C'était d'horribles souffrances pour tous, mais pour Mme Letizia, arrivée au terme de sa grossesse et tenant sur ses bras son fils Joseph, à peine âgé de quinze mois, quelle force physique et morale, quelle trempe de caractère ne lui fallut-il pas pour supporter les fatigues de la route, les privations de toute espèce, pour ne pas succomber aux angoisses cruelles qui devaient l'assaillir en cet instant?

Le bruit se répandit enfin sur le Monte-Rotondo que Paoli et son frère avaient quitté la Corse pour chercher un asile en Angleterre. Ainsi tout espoir était perdu, toute tentative de résistance devenait inutile. Des députés, au nombre desquels était Charles Bonaparte, furent alors envoyés au gouverneur, M. le général marquis de Vaux. Le général les reçut avec beaucoup d'égards, et leur tint un langage si conciliant, si rassurant, sur les intentions de la France, qu'ils acceptèrent un sauf conduit pour eux et leurs compagnons. Chacun, dès lors, rentra dans ses foyers.

Charles Bonaparte, voulant éviter les passages occupés par les troupes, prit la route de Niolo, Vico et Cinarca. Au passage du Liamone, rivière torrentielle qui s'échappe

Mme Letizia traverse le Liamone.

du Rotondo, Mme Letizia faillit se noyer; son cheval perdit pied et fut entraîné par le courant. Son mari et les pâtres qui servaient de guides, épouvantés du péril qu'elle court, lui crient de se laisser tomber dans la rivière et se jettent à la nage pour la sauver. Mais la courageuse femme s'affermit au contraire sur sa selle et guida si habilement son cheval qu'elle se sauva seule. La Providence veillait déjà sur Napoléon !...

Après avoir ramené sa femme et son enfant au sein de sa famille, Charles Bonaparte, qu'une grande intimité liait maintenant à Paoli, ne crut pas, dans son excessive loyauté, le lendemain de son arrivée à Ajaccio, pouvoir se dispenser de rejoindre le chef vaincu et de partager avec lui les souffrances de l'exil. Mais son oncle, l'archidiacre, et sa femme le conjurèrent de ne pas les abandonner dans un tel moment; et Charles ne put résister aux larmes d'une épouse qu'il aimait tendrement ni aux instances d'un oncle qu'il respectait à l'égal d'un père.

La Corse, que des peuples divers ont pu vaincre momentanément sans avoir pu jamais l'asservir, et dont l'histoire n'est, à travers les siècles, qu'une suite de guerres, une lutte acharnée pour maintenir son indépendance, sa nationalité, la Corse est entièrement soumise et réunie pour toujours au territoire français.

C'est à ce moment que naît dans l'île l'homme qui va bientôt régner sur la France et y fonder une nouvelle dynastie.

CHAPITRE III.

NAISSANCE DE NAPOLÉON.

Le 15 Août. — Fête de la Corse. — Mme Letizia va à la messe. — Retour précipité. — Naissance de Napoléon. — Les visites. — Napoléon est ondoyé. — Mœurs corses. — Il est voué à la Vierge.

CHAPITRE III.

Que ton père et ta mère se réjouissent et que celle qui t'a enfanté soit ravie de joie.

Proverbes, Ch. xxviii, v. 25.

NAISSANCE DE NAPOLÉON.

Le 15 août. — Fête de la Corse. — Mme Letizia va à la messe. — Retour précipité. — Naissance de Napoléon. — Les visites. — Napoléon est ondoyé. — Mœurs corses. — Il est voué à la Vierge.

Napoléon naquit à Ajaccio, le 15 août 1769, jour doublement solennel pour la Corse, qui, dès les premières années de la guerre de l'indépendance, s'était mise sous la protection de la Mère de Dieu (1). Aussi,

(1) Dans les premières années de la guerre de l'indépendance, les Corses avaient offert la souveraineté de leur île au roi d'Espagne, mais Philippe V avait refusé. Alors un réglement fut adopté (7 mars 1735) en assemblée générale qui établissait la séparation définitive de la Corse d'avec

dès le matin, la ville était en fête; les cloches de la cathédrale sonnaient à toute volée; des autels jonchés de fleurs s'élevaient de distance en distance dans les rues tendues et tapissées; les drapeaux aux couleurs nationales pavoisaient les mâts dans la rade et des troupes nombreuses de bergers, avec leurs habits aux couleurs éclatantes, descendaient de la montagne, chantant des airs rustiques qu'ils accompagnaient de la cornemuse. C'était partout le tumulte bruyant d'une population animée et pleine d'allégresse.

Quoique arrivée au terme de sa grossesse et souffrante encore des fatigues auxquelles l'avait exposée la guerre de l'indépendance, Mme Letizia Bonaparte, femme d'une grande force d'âme et très-pieuse, jalouse aussi, comme les mères italiennes, de sanc-

Gènes, et plaçait le royaume sous la protection de l'Immaculée Conception de la bienheureuse Vierge Marie dont l'image serait gravée sur les armes et imprimée sur les drapeaux.

tifier l'enfant qu'elle portait, voulut assister à la messe, à cause de la solennité du jour. Elle se rendit donc à l'église, où elle prit sa place accoutumée, accompagnée de son oncle, l'archidiacre Lucien Bonaparte, et tenant par la main un jeune enfant de six ans, qui devait être un jour le cardinal Fesch, archevêque de Lyon, Primat des Gaules.

Mais elle avait trop présumé de ses forces. A peine l'office divin était-il commencé, qu'elle dut regagner en toute hâte sa demeure, où elle ne put même pas arriver jusqu'à sa chambre et fut obligée de s'arrêter dans le salon. Elle déposa son enfant sur un de ces tapis antiques, à grandes figures, représentant des combats et des images de héros : cet enfant était Napoléon. Ce fut Mammamuccia Caterina, vieille femme attachée depuis longtemps au service de la famille, qui le reçut dans ses bras et se hâta de le porter à la grand'mère Bonaparte.

Les nombreux parents, les Ornano, les Ramolino, les Arrighi, les Giubega, les Paravicini, s'étaient empressés de venir visiter Mme Letizia. Tous voulaient voir le nouveau-né, les uns cherchant à reconnaître en lui quelques traits de ressemblance avec un grand parent, les autres lui présageant d'heureuses destinées à cause du grand jour de sa naissance. Les familles nobles d'Ajaccio, parmi lesquelles Charles Bonaparte tenait la première place, par son origine et par la haute réputation qu'il s'était acquise, vinrent s'enquérir avec sollicitude de l'héroïne qu'ils avaient vue, au milieu d'eux, partageant leurs fatigues et leurs dangers.

L'abbé Jean-Baptiste Diamante, avec licence de l'archidiacre Lucien, ondoya l'enfant, qui reçut le nom de Napoléon. C'était, depuis des siècles, le nom donné au second enfant de la famille, qui voulait conserver la relation qu'elle avait eue avec un Napoléon des Ursins, célèbre dans les fastes de l'Italie.

Mme Letizia, dont le rétablissement fut prompt, devançant l'époque habituelle des

Mme Letizia voue son fils à la Vierge.

relevailles, se hâta de se rendre à l'église pour remercier la Mère des Anges de son assistance, et fit vœu, après l'offrande accoutumée du cierge, du petit pain et de la pièce de monnaie, de donner le nom de Marie à chacune des filles qu'elle mettrait au monde. Elle prit ensuite dans ses bras son petit Napoléon et, l'élevant vers le ciel avec une piété fervente, elle le voua à la Vierge Immaculée :

« Mère de Dieu, dit-elle, que par votre
« douce intercession, votre divin Fils donne
« à cet enfant la foi et le courage de ses
« pères, afin qu'il honore la France, sa nou-
« velle patrie, comme ils ont honoré et servi
« la Corse. »

CHAPITRE IV.

PREMIÈRE ENFANCE DE NAPOLÉON.

Napoléon à deux ans.—Son caractère.—La vieille Mammamuccia. — Savaria, sa nourrice. — Le pâtre Bagalino. — Le baptême. — Circonstances. — Premières leçons. — Les jours d'aumône. — Première éducation. — Les figues. — La punition. — Les raisins de l'archidiacre. — L'enfant terrible. — La pension de petites demoiselles. — Premiers jeux de Napoléon. — Sa passion pour les militaires. — La paire de moustaches. — Il se fâche contre un grenadier. — Duel. — Une journée d'étude. — Le petit canon. — Promenades militaires. — Combats à coups de pierres. — Le général de neuf ans. — Ruses de guerre. — Napoléon est toujours vainqueur. — Le coup de tonnerre d'Austerlitz. — La grotte. — Motifs de la liaison des Bonaparte et des Marbeuf. — Vocation de Napoléon et de Joseph. — Bourses accordées pour Napoléon et pour Joseph. — Charles Bonaparte est nommé député de la noblesse des Etats de la Corse. — Le jour des adieux.

CHAPITRE IV.

Préparez l'enfant dès l'entrée de sa voie, car il ne s'en éloignera pas même dans sa vieillesse.

PROVERBES. CH. XXII, v. 6.

PREMIÈRE ENFANCE DE NAPOLÉON.

Napoléon à deux ans. — Son caractère. — La vieille Mammamuccia. — Saveria, sa nourrice. — Le pâtre Bagalino.

Napoléon naquit faible, d'une complexion délicate, et son corps, d'une grande maigreur, supportait avec peine une tête démesurément grosse. Doux et tranquille jusqu'à sa deuxième année, il perdit, après cette époque, la gaicté expansive qu'ont tous les enfants de cet âge, devint facilement irritable, et sa physionomie triste et presque morose révélait constamment un état maladif. Il montra de bonne heure une volonté opiniâtre, une grande sensibilité, et, quand il avait demandé ou refusé quelque chose, il fallait le satisfaire d'abord et modérer toujours la sévérité des réprimandes par des signes de tendresse et d'affection.

La vieille Mammamuccia, qui l'avait reçu dans ses bras lorsqu'il était venu au monde, ne pouvait souffrir qu'on le contrariât, et avait des scènes même avec la grand'mère qui voulait quelquefois le corriger. Napoléon n'oublia jamais cette bonne et affectueuse femme, si pleine de sollicitude pour lui. Il disait un jour au docteur Antomarchi : « Je « suis venu au monde dans les bras de la « vieille Mammamuccia Caterina. Elle était « têtue, pointue, en guerre ouverte avec « tous ceux qui l'entouraient. Elle se que- « rellait souvent, surtout avec ma grand'- « mère, qu'elle aimait pourtant beaucoup « et qui le lui rendait bien. Elle était bonne « et affectueuse ; elle nous promenait, nous « soignait et nous faisait rire ; c'était une « sollicitude dont le souvenir n'est pas « éteint. Je me rappelle encore les larmes

« qu'elle versa lorsque je quittai la Corse. » Il eut pour nourrice Saveria, femme d'un marin, qui le berçait en chantant les vieux airs que chantent les chevriers de la montagne, vrai type de ces Corses indomptés que les Romains redoutaient et refusaient d'acheter pour esclaves, mais qui donnaient leur vie pour sauver celle des maîtres qu'ils aimaient ; c'était une femme supérieure à sa manière (1).

Venait ensuite un troisième personnage quand on devait faire de longues promenades : c'était un pâtre, nommé Bagalino, qui portait alors sur ses bras, tantôt Joseph, tantôt Napoléon.

(1) Napoléon avait fini par faire une grande dame de sa nourrice, qui avait pour lui une espèce de culte. Elle voulut venir à Paris pour assister au couronnement et amusa beaucoup toute la famille par ses histoires et les manières vives et animées avec lesquelles elle les contait. Le pape lui accorda une audience d'une heure et demie, en fut fort content, et la renvoya avec force bénédictions.

Le baptême — Circonstances. — Premières leçons. — Les jours d'aumône. — Première éducation. — Les figues. — La punition. — Les raisins de l'archidiacre.

Napoléon avait atteint sa deuxième année qu'il n'avait pas encore été baptisé. Il le fut, le 21 juillet 1771, avec sa sœur Marie-Anne, née le 11 du même mois et qui mourut peu de temps après. Il resta agenouillé pendant que les prières d'usage étaient prononcées sur lui et insista pour que son parrain, le très illustre Laurent Giubega, procureur du roi, et sa marraine, Gertruda Paravicini, sa tante, en fissent autant. Il garda un profond silence pendant qu'on baptisait sa sœur jusqu'à l'instant où le prêtre voulut verser l'eau bénite. S'élançant alors sur l'officiant, comme pour le retenir, il s'écria : « Non... non... « ne la mouillez pas comme moi ! » et lorsque l'eau sainte coula, l'enfant se fâcha contre le prêtre, contre le parrain, la marraine et tous ceux qui assistaient à la cérémonie.

Après sa troisième année écoulée, Napoléon reçut les premières notions de lecture et d'écriture. Sa mère, femme pieuse à servir de modèle à toutes les personnes de son sexe, mit tous ses soins à lui donner une éducation profondément religieuse, comme étant la base la plus solide de toutes les vertus. Par des récits naïfs, simplement racontés dans les causeries du soir ou dans les promenades de la journée, elle savait donner à son fils des instructions infiniment utiles et propres à lui inspirer de bonne heure la crainte et l'amour du Seigneur, et à lui démontrer la nécessité de le servir dès la plus tendre enfance : « Mon fils, disait-elle, « il faut aimer Dieu pour qu'il vous bénisse « et vous protége toujours. »

Son oncle, l'archidiacre Lucien Bonaparte, était aussi pieux que savant ; il partageait avec Mme Letizia le soin d'instruire son neveu de ses devoirs envers Dieu. Il lui avait appris, avant toutes choses, à former le signe de la croix et à réciter les prières du soir et du matin, persuadé que les vices ne peuvent avoir aucune place dans un cœur tout entier occupé, maîtrisé par l'heureuse influence de la religion. Ces précieuses leçons de la mère et de l'oncle de Napoléon produisirent une impression si profonde sur son âme, elles entrèrent si avant dans ses habitudes, que le souvenir en resta pour lui ineffaçable (1). « J'ai toujours trouvé, dit-il à Sainte-« Hélène, un charme infini à me rappeler la « piété de mon enfance et ces bonnes prières « que je faisais sur les genoux de mon vieil « oncle quand il nous enseignait la religion. « Il nous disait : *Priez mes enfants et Dieu « vous aidera.* »

Mme Letizia s'attachait surtout à imprimer dans le cœur de son fils les qualités qu'il est au pouvoir d'une mère de donner à son enfant : l'amour, le respect et l'obéissance.

(1) ..... En lisant un libelle et tombant d'horreurs en horreurs, il (Napoléon) s'écriait : Jésus..... Jésus..... et se signait; geste que je me suis aperçu lui être familier dans la petite intimité lorsqu'il rencontre des assertions monstrueuses, inconvenantes, cyniques, qui excitent son indignation ou sa surprise sans le porter à la colère (*Mémorial de Sainte Hélène*, par LAS-CAZES).

Ces qualités sont, en effet, essentielles pour que les sentiments qu'un enfant doit à ses parents, images et représentants de Dieu, acquièrent toute leur force et toute leur pureté. Au-dessus d'une tendresse puérile ou frivole, tout était précis, positif chez elle ; et sa parole nette et brève avait une autorité souveraine. Tout entière à son devoir, elle veillait constamment sur son fils avec une sollicitude, une présence d'esprit admirable, afin que rien d'impur ou de vicieux n'offensât ses yeux, ne souillât son esprit ; elle réprimait ses moindres défauts avec l'inflexible sévérité des parents d'autrefois. Voici ce qui arriva un jour.

La famille Bonaparte avait des figuiers dans une vigne fermée par une haie que Joseph et Napoléon escaladaient souvent. Cependant ils pouvaient faire une chute, déchirer leurs vêtements, se blesser ; et Mme Letizia défendit expressément d'entrer dans la vigne sans sa permission. Cette injonction contrariait fort les enfants, Napoléon surtout ; mais il fallait s'y soumettre. Un jour pourtant qu'il était seul, désœuvré, ennuyé, il vit des figues mûres à faire envie et il ne put résister à la tentation. Escalader la haie, courir à l'arbre, faire une ample récolte, tout cela fut l'affaire d'un instant, et il pensait à la retraite lorsque la voix d'un garde vint le glacer d'effroi..... Stupéfait, il resta collé sur la branche où il avait été surpris. Le garde le menaçait de l'attacher et de le conduire ainsi à Mme Letizia. Le nom de sa mère lui rendit ses esprits, la crainte lui inspira des paroles éloquentes, il jura de respecter les figues à l'avenir, fit force promesses et obtint sa liberté. Il se félicitait déjà d'avoir échappé au danger, mais sa désobéissance avait été ébruitée. Le lendemain sa mère feignit de vouloir cueillir des figues : il n'y en avait plus. Le garde survint, révéla tout en présence du coupable qui, après une verte semonce, expia sa faute.

Lorsque Napoléon était grondé, il ne pleurait jamais, et quand il lui arrivait d'être corrigé, si la douleur lui arrachait quelques larmes, il les essuyait aussitôt. Mais quand on l'accusait à tort, il ne proférait pas une plainte et ne voulait rien faire pour obtenir son pardon. Il fut un jour faussement accusé par une de ses sœurs d'avoir mangé une corbeille de raisins cueillis dans une vigne de l'archidiacre. C'était un cas bien grave, car l'oncle, qui jouissait d'une grande autorité dans la famille, était fort économe ; et manger ses raisins était une faute qui allait faire tomber sur le coupable une grave punition. En manger le double provenant de tout autre lieu eut été bien moins criminel. Après interrogatoire, Napoléon, malgré son innocence, fut déclaré coupable et condamné. On lui dit de demander grâce, on promit de lui pardonner s'il avouait la faute ; mais ni prières, ni menaces ne purent l'ébranler ; il se bornait à dire : « Ce n'est pas moi qui « ai mangé les raisins... Non... non... » Mis au pain sec pour trois jours, il devint triste, silencieux, mais il ne pleura pas.

Enfin, une petite amie de sa sœur, ayant appris ce qui s'était passé, alla s'accuser en disant que c'était elle et Marianne qui avaient expédié la corbeille de raisins. On demanda à Napoléon pourquoi il n'avait pas dénoncé sa sœur; il répondit : « Je ne savais « pas qu'elle fût la coupable, cependant je « m'en doutais, mais je n'ai rien voulu dire « en considération de l'amie qui n'avait pas « trempé dans le mensonge. » Il n'avait pas encore sept ans.

La famille Bonaparte était fort charitable, et Napoléon, tout petit enfant, ne manquait jamais d'assister aux distributions que l'on faisait aux pauvres, tantôt à la porte de la maison de son père, tantôt à celle de son oncle. Mais il ne se bornait pas au rôle de simple spectateur, et quand il apercevait parmi les malheureux, un vieillard ou un infirme, il allait le prendre par la main, le faisait approcher et le conduisait à ceux qui distribuaient les aumônes. L'enfant prédestiné apprenait ainsi une des plus nobles vertus du trône!...

..... Il allait le prendre par la main, le faisait approcher et le conduisait à ceux qui distribuaient les aumônes.

L'enfant terrible. — La pension des petites demoiselles. — Premiers jeux de Napoléon. — Sa passion pour les militaires. — La paire de moustaches. — Il se fâche contre un grenadier. — Le duel.

A cet âge où les enfants sont portés à l'entêtement — car ils n'ont pas encore appris que dans la vie il faut souvent céder, — le petit Napoléon se faisait remarquer par une persistance, une tenacité toute particulière et des accès d'une violence et d'une énergie extraordinaires. Lutin, querelleur, il avait pris de bonne heure un grand ascendant sur tous les enfants de son âge, battant l'un, égratignant l'autre, se rendant redoutable à tous. Son frère Joseph, auquel il avait le plus souvent affaire, était parfois maltraité, et des plaintes étaient portées à sa mère avant que Joseph, qui était la douceur même, n'eût encore ouvert la bouche. Mme Letizia réprimait son humeur belliqueuse et ne souffrait pas ses algarades. Tout indomptable qu'il parût être, sa mère le dominait facilement, mais aucune autre personne n'avait sur lui de l'ascendant.

Cependant les emportements de sa colère étaient quelquefois bien motivés. On l'avait mis dans une pension de petites demoiselles, dont la maîtresse était de la connaissance de sa famille. Il était un bel et gràcieux enfant, le seul garçon dans l'établissement, chacun le caressait. Mais il avait toujours ses bas sur ses souliers, et, dans les promenades, il ne lâchait pas la main d'une charmante enfant, qui fut la cause de bien des rixes. Ses espiègles camarades, jaloux de sa Giacominetta, mirent ensemble ces deux circonstances et ne manquèrent plus de l'escorter toutes les fois qu'il paraissait dans la rue, en fredonnant :

Napoleone di mezza calzetta
Fa l'amore a Giacominetta (1).

Il ne pouvait supporter d'être le jouet de cette cohue. Bâtons, cailloux, il saisissait tout ce qui se présentait sous sa main et s'élançait en aveugle au milieu de la mêlée.

(1) Napoléon à moitié chaussé
Fait l'amour à Jeannette.

Heureusement qu'il se trouvait toujours quelqu'un pour mettre le hola et le tirer d'affaire; car le nombre de ses adversaires ne l'arrêtait jamais.

Rentré chez lui, l'enfant terrible jouait au soldat, ce qui était son plus grand plaisir. Il voulait des épaulettes, des plumets sur son chapeau, des sabres, des tambours, des fusils et même des canons. On lui avait fait faire un grand uniforme d'officier et garni une chambre de tout ce qui pouvait satisfaire sa fantaisie. Quand les soldats passaient dans la rue, si l'on n'était pas assez prompt à le conduire, il ne s'en inquiétait pas et courait se placer dans les rangs, armé de son fusil et de sa petite épée. Les soldats prenaient plaisir à le voir suivre avec soin leurs évolutions, se placer à leur tête et balbutier quelques mots de commandement. Les officiers, se sentant gagnés par cette instinct particulier qui le portait aux choses de la guerre, lui témoignaient une grande prédilection et flattaient à l'envi sa vanité d'enfant.

Une chose toutefois préoccupait beaucoup Napoléon. Il avait bien l'habit, le chapeau, les armes des soldats, mais pour leur ressembler complétement, il lui manquait... des moustaches. C'était un vif chagrin pour lui, et, ne pouvant concevoir pourquoi son menton restait imberbe, il demanda un jour à un vieux sergent de Fontenoy comment il faisait pour en avoir de si belles. « Votre peine est bien juste, dit le vieux « guerrier, et je veux y mettre fin... venez « avec moi. » Et, prenant l'enfant par la main, il l'emmena au quartier. Comme nous l'avons dit, Napoléon était l'enfant chéri de la garnison. Aussi les soldats lui firent toutes sortes de caresses à son arrivée parmi eux et s'empressèrent, au moyen d'un impôt levé sur les plus barbus, de satisfaire son vif désir : jamais plus belle paire de moustaches n'avait orné la lèvre d'un sapeur à quatre ou cinq chevrons. L'enfant, alors au comble de la joie, dit adieu aux soldats en faisant le salut militaire ; et, accompagné de son vieux sergent, revint chez son père, aussi fier peut-être que dans ces jours de gloire où il rentrait victorieux dans sa capitale. Aussitôt arrivé, il demanda un louis à sa mère pour le donner à *son camarade,* et son père, que cette scène amusait beaucoup, présenta un écu de six francs au sous-officier, qui ne voulut pas l'accepter. Le petit Napoléon prit alors la pièce et l'offrit lui-même en disant : « Acceptez donc... vous boirez à ma santé « avec les camarades. »

Un jour que, selon son habitude, il s'était échappé de la maison paternelle en entendant le tambour, et était venu se placer dans les rangs des soldats, un grenadier fit semblant de le railler sur ses petits pas.

— Petit bonhomme, lui dit-il, je crois que votre nourrice vous appelle.

L'enfant continua sa marche sans tourner la tête.

— Bambin, reprit le soldat, marchez plus vîte ou je vous colloque dans ma giberne.

L'enfant garda le même pas, ne dit mot,

mais toisa fièrement son interlocuteur de bas en haut.

Les épées sont au vent et le combat commence.

— Vous faites le crâne, je crois, poursuivit le railleur.

Toujours même silence, même allure. On pouvait croire que l'affaire était terminée ; mais, arrivé sur le champ de manœuvre, il y eut un moment de repos, et le petit Napoléon, la tête haute, l'air provoquant, s'approche alors du grenadier en lui disant :

— Tout-à-l'heure vous m'avez manqué?

— Et puis?...

— Vous m'en rendrez raison...

— Ah! ah! et comment?

— En vous battant avec moi.

— J'y suis tout disposé, répliqua le grenadier en dissimulant un sourire.

— Et tout de suite... ici.

— Volontiers... Allons! habit bas et en garde!

Aussitôt dit, aussitôt fait, les épées sont au vent et le combat commence. Napoléon fond avec impétuosité sur son adversaire qui recule avec de grands signes de frayeur. On entoure bientôt les combattants, et, après quelques instants, les officiers applaudissent en faisant mine de donner tort au grenadier et de vouloir le mettre en prison.

— Non, non, j'aime mieux me battre, reprend vivement l'enfant intrépide, laissez-nous nous battre. »

Et le combat allait recommencer lorsque son père, venant à passer par là y mit heureusement fin. Toutefois il eut beaucoup de peine à calmer l'enfant irrité, qui s'éloignait du champ de bataille en murmurant :

— Il eut été pourtant bien bon de se battre un peu.

« Au moindre mot, au moindre geste, dit
« Napoléon à Sainte-Hélène, je répliquais,
« rien ne m'arrêtait, rien ne me déconcer-
« tait, j'étais querelleur, lutin, je ne crai-
« gnais personne. »

La première enfance de Napoléon est remarquable par ce penchant irrésistible pour les amusements militaires, auxquels il sacrifiait tous les autres jeux des enfants de son âge.

Études favorites de Napoléon. — Une journée d'étude.

Napoléon repoussa longtemps toute espèce d'étude qui n'avait pas pour objet l'histoire, la géographie ou le calcul ; mais Mme Letizia, qui connaissait son penchant et savait le mettre à profit, obtenait ce qu'elle voulait de lui avec une parole flatteuse, ou la promesse d'un sabre, d'un fusil, d'un plumet sur son chapeau, toutes choses qu'il aimait avec passion. Alors l'enfant oubliait les jeux qui lui plaisaient le plus et passait, auprès de sa mère et de son oncle, des journées entières à étudier avec cette constance de volonté qui était déjà un sujet d'étonnement pour tout le monde. Le bon archidiacre observait avec un vif intérêt la rare intelligence de son neveu et n'avait pas voulu se reposer sur un autre du soin de diriger ses études, devinant déjà son avenir avec une rare pénétration (1).

(1) L'archidiacre, sur son lit de mort, dit à ses neveux réunis autour de lui : « Il est inutile de s'occuper de la fortune de Napoléon, il la fera lui-même. Joseph est l'aîné de la famille, mais Napoléon en sera le chef. »

Assise auprès de son fils, Mme Letizia travaillait à l'aiguille, l'archidiacre lisait son

Napoléon passait des journées entières à travailler auprès de sa mère et de son oncle.

bréviaire ; de temps en temps la mère oubliait sa broderie, l'oncle sa lecture pieuse, leurs yeux se rencontraient instinctivement sur le petit Napoléon ; et, par un regard, un sourire, ils exprimaient toute leur satisfaction, sans échanger une parole, comme s'ils eussent craint de troubler l'enfant à la tête méditative, à la bouche sérieuse qui restait courbé, presque immobile sur ses livres.

C'était le petit Napoléon qui rompait le premier le silence.

— J'ai fini, disait-il en se levant, ma mère, êtes-vous contente? voyez...

— C'est à ton oncle d'en juger, répondait Mme Letizia, prenant son fils sur ses genoux.

L'enfant remettait son cahier à l'archidiacre et restait pensif, appuyé contre l'épaule de son oncle, dont il attendait le jugement. La lecture terminée, l'heureuse mère embrassait tendrement son fils et lui disait : « Je vais tenir la promesse que je t'ai faite. » L'enfant, satisfait, s'échappait des bras de sa mère, et s'élançait dans sa chambre, où on lui apportait l'objet, récompense de son travail, qui devait toujours être tantôt un casque, tantôt une épée, un fusil, etc.

Le petit canon. — Promenades militaires. — Combats à coups de pierres. — La général de neuf ans. — Ruses de guerre. — Napoléon est toujours vainqueur. — Le coup de tonnerre d'Austerlitz.

Napoléon venait de recevoir ainsi, après un travail assidu, un petit canon en cuivre (1), seule pièce qui manquât à son arsenal et qu'il désirait ardemment. Il était donc bien joyeux, et une troupe d'enfants fut aussitôt enrégimentée par lui : les uns étaient attelés à la prolonge, les autres marchaient en colonne derrière la pièce, et Napoléon était à leur tête revêtu de son grand uniforme d'officier, sabre en main, mèche allumée. Cet attirail guerrier fixa sur lui l'attention et détermina ses petits camarades à le choisir, quoique le plus jeune, pour être leur chef : voici à quelle occasion :

(1) On a longtemps conservé ce petit canon dans la maison paternelle d'Ajaccio. Il a disparu depuis peu de temps, et a, dit-on, été volé.

Une ancienne rivalité existait à Ajaccio entre les habitants de la ville et ceux du faubourg. Les enfants, qui tout naturellement en héritaient de leurs pères, étaient toujours en querelle et se divisaient en deux camps, à de certaines époques, pour se livrer de véritables batailles à coups de pierres. Souvent le sang coulait de part et d'autre, les pères se fâchaient bien quelquefois, le plus souvent ils étaient indulgents pour cette méchante, mais vieille habitude : à l'âge de leur fils, ils en avaient fait autant... Les enfants de la ville, moins nombreux, moins exercés que ceux du faubourg, et presque toujours battus, mirent à leur tête Napoléon, à qui son petit canon donnait une grande importance, espérant que la victoire reviendrait de leur côté, s'il voulait faire tonner son artillerie. Mais Napoléon s'y refusa, parce qu'il lui paraissait honteux de se battre avec des armes qui manquaient à ses adversaires. Malgré son refus, comme il passait pour le plus brave, le plus hardi des enfants d'Ajaccio, le commandement lui fut conservé.

Le nouveau chef comprit bien vite qu'en agissant étourdiment comme ses prédécesseurs, il serait battu comme eux. Devinant, avec la sagacité d'un général consommé, que les faubouriens devaient leurs succès à deux avantages marqués : la supériorité du nombre et l'assurance que donne toujours la victoire, il vit qu'il fallait suppléer d'abord au premier par la ruse, persuadé que la fortune, s'il réussissait, lui donnerait le second. Il eut donc recours aux stratagèmes. Ainsi, il faisait un jour un amas de pierres, s'avançait avec une partie des siens ; et, après quelques escarmouches, reculait, paraissant accablé par le nombre, jusqu'au lieu où étaient ses approvisionnements. Il faisait alors rapidement volte-face, tombait avec tout son monde, abondamment pourvu de projectiles, sur ses adversaires qui, d'assaillants devenus assaillis, étaient surpris, battus et mis en fuite. Une autre fois, il divisait sa petite armée, en faisait filer une partie sur les derrières de l'ennemi, en plaçait une autre sur les flancs, puis attaquait vigoureusement en tête. Alors les faubouriens, pressés, assaillis de toutes parts, étaient effrayés et facilement mis en déroute. C'est ainsi que, chaque jour, une nouvelle manœuvre donnait une nouvelle victoire.

La face des affaires avait donc bien changé sous la direction du jeune Napoléon; les Ajacciens n'avaient plus que des succès. Aussi ils se promenaient tout fiers dans la ville avec le petit canon, rangés comme nous l'avons dit plus haut, et tiraient des salves d'artillerie pour célébrer leurs victoires. Mais ces promenades triomphales, faisaient naître des rixes fréquentes; et quand on se rencontrait dans les rues, sur les places, dans les écoles, on se provoquait d'abord et l'on ne se séparait jamais sans quelques égratignures.

Napoléon vit que le moment était venu de frapper un grand coup, de terminer, comme il le dira plus tard à Austerlitz, *par un coup de tonnerre*. Toutefois, ne voulant plus avoir recours aux ruses qui lui avaient réussi jusqu'alors, mais qui ne devaient plus surprendre les faubouriens, il résolut de chercher un nouveau champ de bataille qui pût lui fournir un nouveau stratagème, quelque coup inattendu. Il fit dans ce dessein de fréquentes reconnaissances autour d'Ajaccio. Non loin de la ville, la grève, resserrée entre la mer et les salines, lui parut la position la plus avantageuse. Là, sur cet espace étroit, la supériorité du nombre, toujours du côté de ses adversaires, devenait inutile; là aussi toute fuite était impossible, et il comptait bien que les siens, mis dans la nécessité de vaincre ou d'être pris, auraient à cœur de soutenir vaillamment et de justifier une réputation nouvellement acquise.

Son terrain choisi, Napoléon, en général aussi prudent qu'habile, ne voulut rien négliger de ce qui pouvait assurer la victoire. Quelque temps avant la reprise des hostilités, il fit transporter chaque soir, sur de petites nacelles, des pierres qu'il faisait enfouir aussitôt dans le sable. Lorsque les approvisionnements furent jugés suffisants, les enfants de la ville qui, par ses ordres, évitaient toute rencontre avec les enfants du faubourg, les recherchèrent alors. Ceux-ci, irrités d'avoir été vaincus par ceux qu'ils avaient battus si longtemps, et désirant ardemment trouver l'occasion de prendre une éclatante revanche, furent facilement attirés, après quelques escarmouches, sur le terrain préparé pour leur défaite. Là, ils acceptèrent aveuglément la bataille et attaquèrent avec la folle impétuosité que donne le désir de la vengeance. Mais les Ajacciens, confiants dans leur chef, les attendaient de pied ferme, bravement, et les reçurent avec la solidité de soldats aguerris et sûrs de la victoire. Démoralisés par cet insuccès et manquant de munitions, les faubouriens commencèrent à lâcher pied. Napoléon n'attendait que ce moment. Aussitôt, du geste et de la voix, il lance les siens, qui, bien munis, se précipitent en faisant pleuvoir une grêle de pierres sur leurs adversaires. En un instant, ceux-ci sont culbutés, accablés; leur nombre même augmente leur désordre et leur effroi; la déroute est complète. Ce fut là *le coup de tonnerre d'Austerlitz.*

C'est au milieu de ces amusements guerriers que s'écoulèrent les premières années de Napoléon, dirigeant des bataillons enfantins en attendant ceux de sa vieille garde. Ainsi se révélait le génie qui devait changer la tactique de la guerre et frapper le monde d'étonnement et d'admiration par la nouveauté des combinaisons, la science des manœuvres, la promptitude des inspirations stratégiques.

La grotte. — Motifs de la liaison des Bonaparte et des Marbeuf. — Vocation de Napoléon et de Joseph. — Bourses accordées pour Napoléon et pour Joseph. — Charles Bonaparte est nommé député de la noblesse des Etats de la Corse.—Le jour des adieux.

Napoléon avait alors neuf ans; sans être un joli enfant comme Joseph, il avait une beauté saisissante; depuis une année, sa physionomie assombrie et triste s'éclaircissait et le sourire apparaissait plus souvent sur ses lèvres. La solitude avait déjà le plus grand attrait pour lui, et il n'était jamais plus heureux que lorsque sa famille venait passer la belle saison dans une maison de campagne située à une petite distance d'Ajaccio. Non loin de l'habitation, des blocs de granit, détachés de la montagne par le temps, s'étaient rencontrés dans leur chûte et avaient formé en s'arc-boutant une grotte d'où la vue découvre, en avant, la ville et ses vergers, à l'horizon, les flots bleus du golfe, et en arrière les cîmes neigeuses du Monte-Rotondo qui se confondent avec le ciel C'était là, dans ce lieu calme et pittoresque, où le silence n'est interrompu que par le chant des oiseaux et le bruit lointain de la mer, qu'il aimait à se retirer loin des jeux des enfants de son âge, auxquels, en grandissant, il préférait de plus en plus l'étude et les méditations. Le souvenir de Napoléon a rendu célèbre cette grotte; et les voyageurs ne manquent jamais de la visiter.

Joseph et Napoléon étaient maintenant assez âgés pour qu'on songeât à les placer dans des colléges, afin de commencer des études régulières ; le premier était destiné à l'état ecclésiastique, le second devait suivre la carrière militaire. Le naturel des deux enfants se trouvait fort heureusement d'accord avec les intentions de leurs parents ; Joseph était doux et patient, tandis que Napoléon, dont le sang bouillonnait à l'idée d'être soldat, montrait, d'une manière bien remarquable, ses aptitudes et ses inclinations guerrières.

Charles Bonaparte était décidé à s'imposer les plus grands sacrifices pour donner une éducation distinguée à tous ses enfants. A cette époque, il ne vivait plus comme un chef de piève, retiré dans ses domaines et ne voyant que ses amis et ses parents. Par ses manières douces et pleines d'entraînement, il s'était concilié l'estime et l'amitié des Français ; et M. le comte de Marbeuf, gouverneur de la Corse, qui connaissait ses talents, sa position sociale et la haute réputation dont il jouissait dans l'île, le traitait avec la plus flatteuse distinction. Charles Bonaparte ne pouvait être insensible à ces égards; il se rendit aux avances du gouverneur français, accepta une place d'*Assesseur* (1) à la justice royale d'Ajaccio, et consentit même à prendre la direction de l'une des trois pépinières créées en Corse par Louis XVI. De là, entre les deux familles, des rapports d'intérêt et de bienveillance, qui devinrent de la fréquentation intime, surtout après un service signalé qui fut rendu par Charles Bonaparte à M. le Comte de Marbeuf (2). Aussi lorsque celui-ci apprit que le gentilhomme

(1) Juge suppléant.

(2 Il y avait alors en Corse deux généraux qui se disputaient le pouvoir : M. de Marbeuf, doux et populaire, et M. de Narbonne-Pelet, haut et violent. Ce dernier, d'une naissance et d'un crédit supérieurs, devait être naturellement dangereux pour son rival. Par bonheur pour M. de Marbeuf, beaucoup plus aimé en Corse, la députation de cette province arriva à Versailles. Charles Bonaparte la conduisait, il fut consulté, et la chaleur de ses témoignages fit donner raison à M. de Marbeuf. C'est de là que date la grande intimité des Marbeuf et des Bonaparte.

corse voulait placer ses fils dans des établissements d'instruction publique, il l'engagea à faire des démarches pour obtenir des bourses du Gouvernement. Il appuya lui-même ces démarches de tout son crédit et les bourses furent accordées. Sur ces entrefaites, Charles Bonaparte fut nommé une seconde fois député de la noblesse corse, et cette élection, renouvelée, suffirait pour montrer quelle était la grande situation de la famille Bonaparte en Corse. Obligé de se rendre à Paris avant que les nominations de ses fils ne fussent arrivées, il résolut de les emmener avec lui et de les placer provisoirement dans un pensionnat de la ville d'Autun.

Le jour du départ fut bien triste. La grand'mère et la vieille Mammamuccia firent, ce jour-là, trève à leurs disputes éternelles, pour s'unir dans une commune douleur; la nourrice Saveria et le pâtre Bagalino versaient d'abondantes larmes ; Lucien et Elisa étaient encore tout petits et pleuraient de voir pleurer tout le monde; l'archidiacre répétait une dernière fois : « Mes enfants, craignez Dieu pour que Dieu vous aide; » et Madame Letizia disait à Napoléon en lui donnant son baiser d'adieu tout imprégné de larmes : « Courage..... »

CHAPITRE V.

NAPOLÉON AU COLLÉGE D'AUTUN.

Charles Bonaparte part avec ses enfants pour Florence. — Visite au Grand-Duc. — Gracieux accueil. — Lettre de recommandation pour la reine de France. — Départ de Florence. — Arrivée au collége d'Autun. — La séparation. — Anecdote. — Napoléon défend son frère. — Les querelles. — La bonne nouvelle. — Départ pour Brienne.

CHAPITRE V.

> Un enfant même fait connaître par ses inclinations si ses œuvres seront droites et pures.
>
> PROVERBES, CH. XX, V. 11.

NAPOLÉON AU COLLÉGE D'AUTUN.

Charles Bonaparte part avec ses enfants pour Florence. Visite au Grand-Duc. — Gracieux accueil. — Lettre de recommandation pour la reine de France. — Départ de Florence. — Arrivée au collége d'Autun. — La séparation. — Anecdote. — Napoléon défend son frère. — Les querelles. — La bonne nouvelle. — Départ pour Brienne.

Le représentant de la noblesse corse partit avec ses enfants vers la fin de l'année 1778. Il se rendit d'abord à Florence pour se procurer quelques-uns des titres généalogiques qu'il devait produire pour l'admission de son fils Napoléon à l'École royale militaire de Brienne. Son nom considéré et son origine toscane lui valurent le plus gracieux accueil du Grand-Duc régnant, Léopold de Lorraine, archiduc d'Autriche, qui lui remit une lettre de recommandation pour la reine de France, sa sœur. Nos voyageurs s'embarquèrent ensuite à Livourne pour gagner Marseille, et, de là, se rendre à Autun, où ils arrivèrent dans la première quinzaine de janvier 1779.

Charles Bonaparte plaça Joseph comme boursier au collége de cette ville, y laissa provisoirement Napoléon, et se rendit de suite à Versailles, à l'effet d'y faire les preuves nécessaires pour l'admission de celui-ci à l'École de Brienne; ces preuves consistaient en quatre degrés de noblesse au moins, y compris le proposant. Mais ce ne fut pas sans verser d'abondantes larmes que les deux enfants virent partir leur père; pour eux, c'était encore le pays, la famille qui s'éloignaient..... Et maintenant, aux soins affectueux de leurs parents, aux attentions de serviteurs empressés, allaient succéder la figure austère des professeurs, la discipline sévère du collége; de plus, ils allaient se trouver bien isolés au milieu d'enfants dont ils comprenaient à peine la langue. Aussi furent-ils bien tristes les premiers jours qui suivirent cette douloureuse séparation.

Tourmenté du désir d'apprendre, Napoléon, pendant les heures d'étude, parvenait à surmonter l'ennui qui l'obsédait loin des siens ; mais pendant les récréations, il restait sombre et pensif, ne se promenant ordinairement qu'avec son frère, s'éloignant des jeux de ses camarades. Les impressions qu'il avait reçues dans sa première enfance, les maux qu'avaient soufferts son pays et sa famille, ramenant alors dans sa jeune âme des sentiments douloureux et pénibles, occupaient toutes ses pensées et contribuaient encore à le maintenir dans une grande réserve à l'égard de ses condisciples. Il était un jour près du poële de la salle d'étude avec d'autres élèves qui faisaient des plaisanteries sur les guerres de la Corse, connaissant son irritabilité sur ce sujet; ils allaient même jusqu'à mettre en doute la bravoure de ses compatriotes. Napoléon écouta leurs discours avec l'air froid et flegmatique qui le caractérisait; mais quand ils eurent fini, il allongea avec vivacité son petit bras et dit d'un air menaçant : « Si vous n'aviez été que quatre contre un, vous n'auriez jamais pris la Corse, mais vous êtes venu dix contre un. »

« Vous aviez cependant un bon général dans Paoli, dit un professeur, l'abbé Chardon, de qui nous tenons ce fait ?

« Oui Monsieur, répondit vivement Napoléon, et je voudrais bien lui ressembler. »

Napoléon, fier et impérieux, avait des rixes fréquentes avec ses nouveaux camarades qui loin de se prêter aux habitudes de supériorité et de commandement qu'il avait contractées avec les enfants d'Ajaccio, ne lui ménageaient pas les vexations ni les railleries. Un élève lui ayant demandé un jour son nom de baptême, il répondit avec l'accent italien le plus prononcé : « *Napoliôné*, » l'espiègle reprit vivement : « *La Paille au nez*, » et tous de rire aux éclats de ce sobriquet, qui lui resta jusqu'à son départ pour Brienne. Son langage insolite, était un sujet inépuisable de plaisanteries qu'il supportait impatiemment. Joseph, dont le caractère était aussi doux et tranquille que le sien était irascible et impétueux était plus souvent encore en butte aux railleries des élèves. Mais on avait aussitôt affaire avec Napoléon, qui n'hésitait pas, bien que le plus jeune, à prendre sa défense et à repousser rudement les mauvais plaisants, car il ne souffrait pas plus les plaisanteries pour son frère que pour lui-même. Quand la querelle s'échauffait, les mots quelquefois ne lui arrivaient plus assez rapidement dans la langue de sa nouvelle patrie pour exprimer tout son ressentiment; et c'était bientôt un mélange bizarre de mots italiens et français, dont l'effet était de redoubler l'hilarité. Son dépit s'en augmentait ; alors, sans

Napoléon n'hésitait pas, bien que le plus jeune, à prendre la défense de son frère.

de plus longs discours, il se jetait tête baissée au milieu du groupe des railleurs ; peu importait le nombre ; selon son habitude, il ne comptait pas. Le bon Joseph, tout éploré, courait au milieu de la mêlée, de l'un à l'autre, s'efforçant de ramener la paix, et recevant ainsi une bonne partie des coups. Un professeur ou un maître d'étude arrivait enfin qui mettait le holà et séparait les combattants. Joseph sautait au cou de son frère, cherchant à l'entraîner bien vite dans un endroit isolé ; mais Napoléon se retirait, comme le lion blessé devant les chasseurs, à pas lents et se retournant de temps en temps pour jeter encore des paroles de défi à ses adversaires. Son teint, d'un jaune pâle, prenait alors un éclat inaccoutumé ; ses yeux bleus lançaient des éclairs et sa figure avait un caractère inexprimable de résolution et d'énergie.

Enfin, Charles Bonaparte, dont les démarches avaient été couronnées d'un prompt succès, écrivit à son fils de venir le trouver à Brienne, où il allait se rendre lui-même pour le présenter. En arrivant à Versailles, la lettre de recommandation que le Grand-Duc de Florence lui avait donnée pour Marie-Antoinette, lui avait valu l'honneur d'être reçu par cette reine; et ce que nous avons dit de l'origine des Bonaparte a dû montrer que les preuves de noblesse furent faciles à faire. Aussi M. le comte d'Hozier de Serigny, juge d'armes de la noblesse de France, et, en cette qualité, commissaire du roi pour certifier la noblesse des élèves des écoles royales militaires, prononça-t-il l'admission immédiatement après l'examen du dossier héraldique du postulant.

Napoléon était à Autun depuis trois mois. Il avait appris le français de manière à faire librement la conversation, et même de petits thêmes et de petites versions. L'ordre de quitter le collége le surprit agréablement, car, depuis son arrivée, il n'y avait éprouvé que des contrariétés. Il ne parla jamais d'Autun dans la suite, et cependant il rappelait volontiers et avec plaisir ses souvenirs d'école. Toutefois, le jour du départ, sa joie fit place à la tristesse quand il vit qu'il allait laisser son frère, seul dans un lieu où, réunis, ils avaient passé de si longues heures d'ennui; et ce ne fut pas sans verser encore bien des larmes que les deux frères se séparèrent.

Le 14 avril 1779, Napoléon, accompagné de M. de Champeaux, quitta le collége d'Autun pour se rendre à l'école de Brienne.

CHAPITRE VI.

NAPOLÉON A BRIENNE.

Entrée de Napoléon à Brienne. — Ses condisciples. — Querelle des anciens et des nouveaux. — Fermeté de Napoléon. — Le père Patrault. — L'habit de bure. — Les promenades. — La Rothière. — L'attaque d'apoplexie. — Présence d'esprit de Napoléon. — La mère Marguerite. — 1805, 1814. — Le petit jardin. — Napoléon et ses condisciples. — Lettre à son père. — Le cartel. — Lettre de Napoléon à M. le comte de Marbeuf. — La bonne châtelaine. — Mme la comtesse de Brienne, premier ministre. — Napoléon fait sa première communion. — Sa piété. — Le père Charles, aumônier. — La voix prophétique. — Le plus heureux jour de la vie. — Paroles de Napoléon à Sainte-Hélène. — Napoléon devient plus sociable. — Les amis de collége. — Un général jeté à la tête. — Les premiers grades. — Une fête à Brienne. — Napoléon chef de poste. — Mme Haute. — Napoléon est né pour commander. — Les fortifications de neige. — La petite guerre. — Napoléon ingénieur et général. — Il est toujours vainqueur. — Le héros de l'école. — Les études à Brienne. — Le professeur d'écriture. — Une fable de Napoléon. — L'examen. — M. de Keraglio et les minimes. — Napoléon mérite de passer à l'Ecole militaire de Paris. — Départ de Brienne.

CHAPITRE VI.

Pour ma pensée, Brienne est ma véritable patrie. C'est là que j'ai ressenti les premières impressions de l'homme.

NAPOLÉON A SAINTE-HÉLÈNE.

NAPOLÉON AU COLLÉGE DE BRIENNE.

Entrée de Napoléon à Brienne. — Ses condisciples. — Querelles des Anciens et des Nouveaux. — Fermeté de Napoléon. — Le père Patrault. — L'habit de bure.

Napoléon arriva à Brienne, le 29 avril 1779; il avait alors neuf ans et demi. Des Minimes y avaient été établis en 1625; en 1730, ces religieux avait ouvert un collége, et M. de Loménie avait obtenu du roi, en 1776, l'érection de ce collège en succursale de l'école militaire de Paris. L'établissement pouvait recevoir cent élèves du roi et cent pensionnaires; le prix de la pension était de six cents livres pour les premiers et de sept cents pour les seconds.

Napoléon était heureux de son entrée à l'école de Brienne. C'était, en effet, la réalisation d'un projet formé depuis longtemps par sa famille, projet dont il était lui-même tout préoccupé depuis quelques mois; — et quelques mois pour un enfant sont des années; — c'était enfin le premier des succès que lui réservait la fortune. Aussi n'en a-t-il jamais perdu le souvenir. « J'en« trai à Brienne, dit-il, un jour, j'étais » heureux. Brienne est ma véritable patrie, » c'est de là que date mon bonheur. »

Toutefois les commencements de cette vie nouvelle furent pénibles pour notre jeune héros, qui eut à subir à Brienne les mêmes vexations auxquelles il avait été en butte à Autun. Mais lorsqu'on voulut le soumettre aux épreuves burlesques par lesquelles les anciens ont coutume de faire passer les nouveaux venus, sa fierté se révolta; et, bien résolu de mettre un terme aux mauvaises plaisanteries de ses camarades, il repoussa, à coups de règle, les premiers qui voulurent s'amuser à ses dépens. A la suite du jeune insulaire, les nouveaux se mutinèrent, levèrent l'étendard de la révolte contre ce qu'ils appelaient la tyrannie des anciens. La querelle s'échauffa, le tumulte devint grand, ceux-ci voulant maintenir ce qu'ils regardaient comme leur droit, et l'école tout entière se trouva bientôt partagée en deux camps. Mais *l'agitateur* fut mis aux arrêts, et tout rentra dans l'ordre. « Si à l'avenir, lui dit alors le maître du « quartier, vous n'êtes pas plus sage, on « vous mettra en prison. »

— Eh bien! Monsieur, reprit avec fermeté Napoléon, « vous pouvez m'y mettre dès à « présent, car je suis décidé à me faire « justice de qui s'avisera de plaisanter sur « moi. »

— Mais personne ne vous plaisantera?

— Alors, Monsieur, je vous réponds de moi.

Le Père Patrault, professeur de mathématiques, qui assistait à cette scène de réprimandc, fut frappé de trouver dans un enfant de cet âge tant de fermeté et d'énergie. De là commença l'intérêt tout particulier du vieux professeur pour son élève, intérêt qui grandit et fut bientôt justifié par le succès de Napoléon dans les mathématiques.

Un jour, le maître du quartier, brutal de sa nature, indisposé, du reste, contre le jeune corse, dont le caractère ferme ressemblait si peu à celui des autres élèves, le condamna, pour un léger manque de subordination, à porter l'habit de bure et à dîner à genoux sur le seuil de la porte du réfectoire. C'était une espèce de déshonneur, et Napoléon, qui avait beaucoup de fierté et d'amour-propre, fut pris, au moment de l'exécution, d'un vomissement subit et d'une violente attaque de nerfs. Le supérieur vint l'arracher aussitôt à ce supplice, en grondant le maître de son peu de discernement, et le Père Patrault accourut se plaindre que, sans nul égard, on dégradât ainsi son premier mathématicien.

Les promenades. — La Rothière. — L'attaque d'apoplexie. — Présence d'esprit de Napoléon. — La mère Marguerite. — 1805. — 1814.

Tous les jeudis et les dimanches, les élèves allaient faire de longues courses dans les environs; les bois de Maizières et le village de la Rothière, que, trente-deux ans plus tard, Napoléon, empereur, devait rendre à jamais célèbre, étaient leur promenade favorite. Arrivés là, ils s'arrêtaient chez une bonne paysanne, la mère Marguerite, qui habitait une chaumière au milieu des bois, où ils avaient coutume d'acheter du lait, des œufs, du pain bis. La collation finie, non sans quelques terrines cassées, on jouait le plus souvent aux barres ou à la balle, puis on regagnait joyeusement Brienne.

Dans une de ces promenades, un Père Minime tomba frappé d'apoplexie. Tous les élèves s'empressèrent autour de lui; mais le jeune Bonaparte fut celui qui montra le plus de sang-froid et de présence d'esprit pour prodiguer au professeur les soins nécessaires. Il fit couper et assembler des branches d'arbre pour établir un brancard ; et pendant tout le trajet, on le vit surveiller le convoi avec la plus grande attention, afin d'éviter les cahos, recommandant à chaque instant à ses camarades de ne pas faire de bruit autour du malade.

Lorsqu'en 1805, Napoléon allait, glorieux Empereur, ceindre en Italie la couronne lombarde, il voulut revoir Brienne. Après avoir passé la nuit au château, il parcourut avec le plus grand plaisir ces lieux où s'était écoulée sa première jeunesse, les montrant et les nommant, le premier, aux personnes qui l'accompagnaient. Il n'avait point oublié la mère Marguerite ; il en demanda des nouvelles, et apprit avec autant de joie que de surprise, que la bonne vieille existait encore. En continuant sa promenade du matin, il galopa jusqu'à la porte de la chaumière et entra chez la pauvre paysanne, dont la vue affaiblie par l'âge ne put le reconnaître.

— Bonjour, mère Marguerite, dit Napoléon en saluant, vous n'êtes donc pas curieuse de voir l'Empereur ?

— Si fait, mon bon Monsieur, je vais même porter ces œufs frais au château, où j'espère l'apercevoir. Ce n'est pas l'embarras, je ne le verrai pas si bien aujourd'hui qu'autrefois..... quand il venait avec ses camarades boire du lait chez la mère Marguerite. Il n'était pas Empereur dans ce temps-là, mais c'est égal, il faisait marcher les autres. Dam ! fallait voir..... le lait, les œufs, le pain bis, les terrines cassées, il avait soin de me faire tout payer, et il commençait lui-même par payer son écot.

— Comment, mère Marguerite, reprit en riant l'Empereur, vous n'avez pas oublié le petit Bonaparte ?

— Oublié ! mon bon Monsieur, vous croyez qu'on oublie un jeune homme comme çà, qui était sage, sérieux, mais sans orgueil et toujours bon pour les pauvres gens... Je ne suis qu'une paysanne, mais j'aurais prédit que ce jeune homme-là ferait son chemin...

— Il ne l'a pas trop mal fait, n'est-ce pas?

— Ah! dam, non.

Napoléon, que cette scène égayait, se mit à se frotter les mains et à dire, en tâchant de se rappeler les manières et le ton qu'il avait eus dans son enfance, lorsqu'il venait chez la paysanne :

— Allons, la mère Marguerite, du lait, des œufs frais, nous mourons de faim.

La bonne vieille, toute surprise, parut chercher à rassembler ses souvenirs et se mit à considérer son interlocuteur avec une grande attention.

— Eh bien! vous étiez si sûre tout à l'heure de reconnaître l'Empereur?...

Pendant que Napoléon prononçait ces mots, la bonne paysanne était tombée à ses pieds. Il la releva avec la bonté la plus touchante et lui dit : « En vértité, mère « Marguerite, j'ai faim... bien faim... n'avez-« vous rien à me donner? » La bonne femme, que son bonheur mettait hors d'elle-même, apporta bien vite piquette et pain bis, et Napoléon mangea avec un appétit

Et, tandis que l'Empereur remontait à cheval, la bonne vieille sur le seuil de sa porte, lui promettait en pleurant de prier Dieu pour lui.

d'écolier. Le repas fini, il donna à sa vieille hôtesse une bourse pleine d'or, en lui disant : « Vous savez que j'aime qu'on paye « son écot. Adieu, je ne vous oublierai pas. »

Et, tandis que l'Empereur remontait à cheval, la bonne vieille, sur le seuil de sa porte, lui promettait en pleurant de prier Dieu pour lui.

Napoléon revint encore à Brienne; mais ce fut alors la fortune contraire qui l'y ramena. Quand il parcourut pour la dernière fois ces lieux où il avait ressenti les premières émotions de la gloire, ce fut le soir de la rude journée de Brienne, le 29 janvier 1814 : la merveilleuse campagne de France venait de s'ouvrir. Après un combat opiniâtre, il avait délogé les Prussiens, rangés en bataille sur la belle esplanade du château, et, précédant de quelques pas ses aides de camp et les généraux de sa maison, regagnait son quartier-général, établi dans la plaine qui est entre la ville et les bois de Maizières. La nuit était sombre et froide, les hommes étaient enveloppés dans leurs manteaux, et l'on ne se reconnaissait qu'à la lueur de quelques feux, de loin en loin. Tout plein des souvenirs de son enfance, Napoléon écoutait avec distraction le rapport d'un officier sur l'exécution de ses derniers ordres, et s'arrêtait de temps en temps, triste et méditatif, pour considérer ces lieux où s'étaient écoulées les premières années de sa jeunesse, et qu'il avait voulu revoir à l'apogée de sa gloire. Tout à coup il fut chargé inopinément par une bande de Cosaques, qu'attiraient le bruit de nos caissons et l'appât du butin. Il en repoussa un de la main, et fut obligé, son escorte étant peu nombreuse, de tirer son épée pour sa défense personnelle..... Mais ces temps ne nous appartiennent pas, des années, si fécondes en victoires qu'elles semblent des siècles, nous séparent encore de ces jours de revers. Hélas! il n'est plus de joie pour qui sait l'avenir; ne déchirons donc pas le voile qui le dérobe à nos yeux ; enfants, revenons à l'écolier de Brienne.

Le petit jardin. — Napoléon et ses condisciples. — Lettre à son père. — Lettre de Napoléon à M. le comte de Marbeuf. — La bonne châtelaine. — Madame la comtesse de Brienne premier ministre.

Dès son entrée à l'école, Napoléon s'était montré grave, réfléchi et tourmenté du besoin d'apprendre. Mais sa qualité par excellence, ce qui le distingua le plus de ses condisciples, pendant son séjour à Brienne, ce fut son goût pour la retraite ; c'est dans l'isolement, qu'il se livrait tout entier à l'étude et à la méditation; souvent ses nuits se passaient à méditer sur les leçons de la journée. Sa nature ne pouvait pas supporter l'idée de ne pas être tout d'abord le premier de sa classe. Ennemi des jeux et des amusements, cette seconde vie de l'enfance, il passait ses heures de récréation, tantôt à la bibliothèque, tantôt à bouleverser et à convertir en jardin la portion qui lui était échue d'un terrain considérable partagé entre les élèves. Son premier soin avait été d'en rendre l'accès difficile, au moyen d'une forte palissade, et il avait employé à la former tout l'argent que sa mère lui envoyait pour ses petites dépenses. Les arbres qu'il avait plantés lui-même et qu'il cultivait avec le plus grand soin, avaient fait de son petit jardin, au bout de deux ans, la retraite d'un véritable hermite. On aurait pu croire qu'il cherchait ainsi, dans l'isolement et la fatigue du corps, à dompter son humeur fougueuse, si des rixes fréquentes n'eussent fait éclater la violence de son caractère. Malheur, en effet, à l'élève curieux ou espiègle qui aurait osé troubler sa chère solitude! Ce fut là pendant les dernières années passées à Brienne, que dévoré d'une noble ambition, il lisait avec avidité la vie des grands hommes de l'antiquité qu'il devait dépasser un jour.

S'il apparaissait quelquefois au milieu de ses camarades, ce n'était que pour les railler sur la futilité de leurs amusements, les réprimander même ; et loin de s'effrayer des dangers auxquels s'expose un pédagogue imberbe, son jeune courage semblait se faire un honneur de les braver. On le voyait alors attaqué par le groupe des élèves qu'irritaient ses paroles mordantes, et repousser avec le plus grand sang-froid leurs coups et leurs efforts réunis. Cependant il était rarement le plus fort, car sa vie retirée et peu active, arrêtait singulièrement le développement de sa constitution, restée jusque là faible et délicate.

L'éloignement de Napoléon pour ses condisciples prenait aussi sa source dans la privation des petites douceurs que des élèves plus riches pouvaient se donner. Il en résultait pour lui de fréquents affronts, auxquels il ne répondait que par le silence du dédain, comme s'ils n'avaient pu l'atteindre. Mais la lettre suivante, adressée à son père, lettre où éclatent à chaque ligne une susceptibilité sans égale et la plus noble fierté, montre combien il souffrait de ne pouvoir soutenir, comme les autres élèves, l'honneur de son nom.

« Mon père,

« Si vous ou mes protecteurs ne pouvez « me fournir les moyens de paraître plus « dignement dans cette école, faites-moi « revenir à la maison, et cela, sur le champ ; « je suis fatigué d'être comme un mendiant « et de voir d'insolents condisciples, qui « n'ont que leur fortune pour toute recom- « mandation, se moquer de ma pauvreté. « Il n'y a pas un individu qui ne me soit in- « férieur par les nobles sentiments dont « mon âme est enflammée. Quoi ! Monsieur, « votre fils sera-t-il en butte aux sarcasmes « de ces jeunes gens riches et impertinents, « qui affectent de plaisanter des privations « que j'éprouve ? Non, mon père, non.... « si ma position ne peut être améliorée, « retirez-moi de Brienne, faites-moi ap- « prendre un métier, s'il est nécessaire ; « placez-moi avec mes égaux, et je réponds « que je serai bientôt leur supérieur. Vous « pouvez juger de mon désespoir par la pro- « position que je vous fais. Encore une fois,

« j'aimerais mieux être le premier dans une « manufacture, que d'être exposé à la risée « publique dans la première académie du « monde (1).

« N'allez pas vous imaginer que ce que « j'écris est dicté par le désir de me livrer à « des amusements dispendieux; ils n'ont « aucun attrait pour moi; je n'ai d'autre « ambition que celle de prouver à mes ca- « marades que j'ai comme eux les moyens « de me les procurer.

« Votre fils respectueux et soumis,

« Napoléon Bonaparte.

« Brienne, 5 avril 1783. »

Les condisciples de Napoléon, esprits légers, aimant le bruit et les distractions comme tous les enfants, ne pouvaient

(1) César avait dit : « J'aimerais mieux être le premier « dans un village que le second dans Rome. » Qu'on remarque cet accord de sentiments entre deux grands cœurs; seulement, quand César parlait ainsi, il était déjà à la tête des légions romaines.

comprendre ce qu'il y avait de supérieur en lui, et trouvaient sa manière d'être singulière, bizarre et même ridicule. Tout leur paraissait bon pour se venger, par des plaisanteries, du jeune Corse, au caractère âpre, fier et dont l'irascibilité avivait encore leur mauvaise humeur et leurs quolibets, Quelques-uns même, feignant de ne pas comprendre le mot *assesseur*, titre de son père, allaient jusqu'à en faire l'objet de leurs railleries.

Un jour, dans une dispute, un élève, nommé Pougin-des-Islets, étourdi, querelleur, dit à Napoléon avec insolence : « Votre « père n'est qu'un huissier.... un sergent.. » A cette insulte, Napoléon pâlit, ses yeux s'allument. Cependant, maître de lui, il se retire sans prononcer un mot, court à sa chambre et revient bientôt avec un cartel qu'il remet à un élève, témoin de la scène, en lui disant : « Un drôle m'a insulté, vous « l'avez vu, veuillez lui remettre le billet « que voici : »

« Monsieur,

« Si vous avez le moindre sentiment « d'honneur, vous me rendrez raison de « l'outrage que vous m'avez fait. J'aurai des « pistolets. Si vous ne pouvez pas sortir, « tout endroit me sera bon, votre chambre « ou la mienne, peu importe, pourvu que « je sois vengé. »

Mais le cartel n'alla pas à son adresse ; le messager le remit au préfet des classes. Celui-ci, voulant punir une infraction aussi grave, fit rassembler tous les élèves et dit, en leur présence, à Napoléon :

— Vous avez adressé cette provocation à l'un de vos condisciples ?

— Oui, Monsieur, j'ai été insulté...

— Vous avez été insulté, c'est vrai, mais c'est à vos maîtres qu'il appartient de vous faire justice.

— La justice punit... elle ne venge pas !

— Ainsi, vous persistez ?

— Oui, Monsieur !

— Une telle insubordination doit être réprimée, allez à la chambre de discipline... et vous M. Pougin-des-Islets, vous tiendrez les arrêts.

— Soumettez-vous, disaient quelques élèves à Napoléon, ou gare le cachot!

— En enfer, s'il le faut, répondit le fier enfant, mais je serai vengé!.....

Il se retira alors dans sa chambre et écrivit à M. de Marbeuf le récit de ce qui venait de lui arriver dans une lettre qu'il terminait ainsi :

« Monsieur le Comte, si je suis coupable,
« si je suis justement privé de ma liberté,
« veuillez ajouter aux bontés dont vous
« m'avez honoré, la grâce de me retirer de
« Brienne et de me priver de votre protec-
« tion. Ce serait un vol que je ferais à qui
« saurait mieux la mériter que moi. Non,
« Monsieur, jamais je n'en serais plus digne;
« je ne me corrigerai point d'une impétuo-
« sité d'autant plus dangereuse que j'en
« crois le motif sacré.

« Quel que fût l'intérêt qui me le com-
« mandât, je n'aurais pas la force de voir
« traîner dans la boue un homme d'hon-
« neur, mon père, mon respectable père !
« Sous ce rapport, Monsieur le Comte, je
« sentirai toujours trop vivement pour me
« borner à en porter plainte à mes chefs ;
« je serai toujours persuadé qu'un bon fils ne
« doit point commettre à un autre le soin de
« venger un pareil outrage. Quant aux bien-
« faits que vous fîtes pleuvoir sur moi, ils
« seront sans cesse présents à ma pensée ; je
« me dirai : j'avais acquis une honorable pro-
« tection, mais, pour en profiter, il fallait
« des vertus que le ciel m'a refusées.

« Veuillez, généreux protecteur, ne voir
« dans la présente qu'un jeune homme qui
« préfère à la fortune, la douce satisfaction
« de ne point affliger un jour son respectable
« bienfaiteur.

« Napoléon Bonaparte.

« Brienne, 8 octobre 1783. »

Le Comte de Marbeuf était à Sens, chez Mme d'Espinal, où se trouvaient réunies, dans ce moment, plusieurs personnes de distinction, entr'autres le fameux abbé Raynal (1), lorsque cette lettre lui parvint. Le gentilhomme français n'en avait pas terminé la lecture qu'il s'écria : « c'est une « injustice !..... » La lettre passa de main en main, et chacun exprima un avis semblable. « Ce jeune homme a du cœur, disait-on, il « n'a fait qu'obéir à la sensibilité la plus « légitime, au besoin impérieux de défendre « un père bassement outragé..... L'honneur « et la piété filiale, ces deux premiers sen-

(1) Ce fut sans doute l'origine de la correspondance littéraire qui s'établit dans la suite entre Napoléon et l'abbé Raynal. Quand Napoléon composa ses *Révolutions de la Corse,* il ne manqua pas d'en envoyer le manuscrit à l'auteur de l'*Histoire philosophique des Indes*, qui, trouvant cet ouvrage très remarquable, voulut le communiquer à Mirabeau. Le grand orateur répondit à l'abbé Raynal, en lui renvoyant le manuscrit, que cette petite histoire annonçait un génie de premier ordre. Cette œuvre de la jeunesse de Napoléon est malheureusement perdue; on pense qu'elle a été détruite dans l'incendie de la maison paternelle par les troupes de Paoli.

« timents de la nature, lui ordonnaient « d'agir ainsi.... » Puis, on insista afin que M. de Marbeuf partit au plus tôt pour Brienne, où il ferait cesser les persécutions exercées contre son protégé.

Le commandant général de la Corse se rendit de suite à Brienne, et, une heure après son arrivée, notre jeune héros était en liberté. Il le fit venir au salon et lui dit, en présence du Directeur de l'école : « Quelque « légitime que soit votre ressentiment, je « vous en demande le sacrifice, parce que « je suis certain que jamais outrage ne vous « sera fait..... Soyez désormais moins facile « à vous irriter, car celui qui se met en « colère pour de bons motifs finit par s'em- « porter pour des riens. »

Cette réprimande toute paternelle toucha profondément Napoléon, et cet événement eut pour lui l'heureux résultat d'imposer plus de retenue à ses camarades. Frappés de son énergie et de son courage, ils conçurent une haute idée de ce caractère rempli d'honneur, dont l'inflexibilité exerça, dès lors, sur eux un empire inconnu.

Avant de partir, M. de Marbeuf recommanda son protégé aux professeurs, ainsi qu'à Mme la Comtesse de Brienne, sa parente, dont le château donnait le nom à l'école. Mme de Brienne veilla dès lors, avec une sollicitude toute particulière sur le jeune Napoléon, et ne manqua pas de l'envoyer chercher tous les dimanches, engageant en même temps un professeur à venir dîner avec lui chez elle.

Napoléon, sur le trône, avait gardé le souvenir de l'amabilité, des soins et des attentions de la bonne châtelaine, dont il ne parlait jamais sans émotion. En passant à Troyes, l'année de son couronnement, pour aller en Italie, il la combla de prévenances. « Madame, lui dit-il, je vous fais « mon premier ministre pendant le temps « de mon séjour à Troyes. Tout ce que les « habitants ont à me demander doit passer « par vos mains. » Mme de Brienne accepta, et l'on se souvient encore à Troyes de toutes les faveurs que la libérale gratitude du souverain fit pleuvoir sur la contrée.

Napoléon fait sa première communion. — Sa piété. — Le père Charles, aumônier. — La voix prophétique. Le plus heureux jour de la vie. — Paroles de Napoléon à Sainte-Hélène.

L'époque où Napoléon allait faire sa première communion, arriva. Jusque-là, sa conduite avait été régulière, ses mœurs étaient restées pures ; mais, à l'approche de ce grand jour, il redoubla de zèle dans l'accomplissement de ses devoirs et manifesta les sentiments religieux les plus vifs, les plus profonds : il se donna à Dieu tout entier. On eut pu dire de lui comme il est écrit dans le Livre de *la Sagesse :* « Or, j'étais un enfant bien né et j'avais reçu « de Dieu une âme d'un bon naturel ; « et, devenant bon de plus en plus, je « m'approchai de Dieu dans un corps qui « n'était point souillé par le péché. » (*La Sagesse*, ch. VIII, v. 19-20).

De ce jour, il prit en grande amitié le vénérable aumônier, le Père Charles, et il a gardé jusqu'à son dernier jour le souvenir de cet homme sage, plein de science et de bonté, et qui avait pour lui la plus tendre affection. Lorsqu'il était en garnison à Auxonne, officier d'artillerie, il saisissait avec joie, malgré la proscription qui commençait déjà à menacer les prêtres et la religion, toutes les occasions d'aller visiter son ancien pasteur, alors retiré à Dôle (1). Devenu Premier Consul, il pensa aussitôt au Père Charles et lui envoya un brevet de pension en lui disant, dans une lettre autographe: « Je n'ai point oublié que c'est à votre « vertueux exemple et à vos sages conseils « que je dois la haute fortune à laquelle je « suis arrivé. Sans la religion, il n'est pas « de bonheur, pas d'avenir possible. Je « me recommande à vos prières. » Peu de temps après, traversant Dôle pour ouvrir cette merveilleuse campagne, qui devait se

(1) Ville de Franche-Comté distante de 4 lieues d'Auxonne.

terminer par la journée de Marengo, sa première pensée fut encore pour le vénérable prêtre qui lui avait enseigné le catéchisme et lui avait fait faire sa première communion. Il le fit appeler auprès de lui ; le vieux Minime accourut en toute hâte, et, profondément ému, ne put que verser des larmes en abordant celui dont le nom faisait déjà pâlir les plus grands noms ; mais, au moment du départ, il s'écria d'une voix prophétique : « *Vale prosper et regna.* »

L'initiation à la vie chrétienne fit une impression si forte sur l'âme ardente de Napoléon, et les émotions qu'il ressentit dans ce jour solennel furent si profondes que le souvenir s'en présentait souvent à son esprit, même au milieu des camps et de l'enivrement du triomphe.

Un jour, ses généraux, réunis dans sa tente, le félicitaient d'une victoire décisive qu'il venait de remporter. L'un d'eux lui dit : « Sire, c'est le jour le plus heureux de votre vie.

— Non, non, répliqua vivement Napoléon.

Tous de chercher alors quel pouvait être ce jour plus heureux, et chacun de nommer celui qui lui semblait mériter cette qualification : Arcole... Rivoli... Aboukir... le 18 Brumaire... Marengo... le Couronnement... Austerlitz...

— Non... non, Messieurs, dit encore Napoléon.

Tous s'arrêtèrent étonnés, et l'Empereur, grave, recueilli, dit d'une voix émue : « *C'est le jour de ma première communion.* » Un profond silence se fit alors. En promenant ses regards sur ceux qui l'entouraient, donnant des marques de surprise, il aperçut une larme dans les yeux de l'un des assistants; il s'en approcha et lui serrant la main : « Vous me comprenez, vous, » lui dit-il. C'était un des plus intrépides chefs de l'armée, un des plus fidèles lieutenants de l'Empereur, le général d'artillerie Drouot, qui pratiquait lui-même la religion dans les camps avec la ferveur d'un chrétien de la primitive église.

Ainsi ni les lauriers de la victoire, ni les acclamations des peuples ne purent étouffer dans l'âme de Napoléon le souvenir de ses premières impressions, l'influence de son éducation religieuse. Général en chef de l'armée d'Italie, quand les prêtres et la religion sont proscrits, il met à l'ordre du jour le respect et la vénération pour les prêtres et la religion; maître du pouvoir, il recule avec horreur devant l'hérésie; et seul contre tous (1), comme armé d'une force surnaturelle, il rouvre les églises et relève les autels miraculeusement, en un clin d'œil. A Sainte-Hélène, enfin, il ne regrette pas l'enivrement du pouvoir, les lambris dorés de ses palais, le plus bel empire du monde; il

(1) Lorsque je saisis le timon des affaires, j'avais pesé toute l'importance de la religion, j'étais persuadé, et j'avais résolu de la rétablir; mais on croirait difficilement les résistances que j'eus à vaincre pour ramener le catholicisme. C'est au point qu'au Conseil d'Etat, où j'eus une grande peine à faire adopter le Concordat, plusieurs ne se rendirent qu'en complotant d'y échapper. « Eh bien! « se disaient-ils l'un à l'autre, faisons-nous protestants, « cela ne nous regardera plus. » (Napoléon, a Ste-Hélène).

regrette les pompes des cérémonies catholiques, le son des cloches, le pauvre aumônier de Brienne :..... « J'aime la religion « catholique, disait-il à ses compagnons « d'exil, parce qu'elle parle à mon âme, « parce que, quand je prie, elle met en « action tout mon être..... Le son des « cloches, ajoutait-il, me manque ici, il me « manque..... je ne m'accoutume pas à ne « pas l'entendre. Jamais le son d'une « cloche n'a frappé mon oreille sans repor- « ter ma pensée vers les sensations de mon « enfance; l'angelus m'a toujours ramené « à de douces rêveries..... Quand, au milieu « du travail, j'en entendais les premiers « coups sous les beaux ombrages de mon « palais de Saint-Cloud, bien souvent on me « croyait rêvant au plan d'une bataille, à une « loi de l'empire, quand tout simplement « je reposais mes pensées, en me laissant « aller aux premières impressions de « ma vie; je me rappelais les années que « j'ai passées à Brienne; j'étais heureux « alors!.... Au fait, la religion, c'est le règne

« de l'âme, c'est l'ancre de sauvetage du malheur..... »

Napoléon et ses condisciples. — Les amis de collége. — Un général jeté à la tête. — Les premiers grades. — Une fête à Brienne. — Napoléon chef de poste. — Mme Haute.

Après cette époque, Napoléon, sans se relâcher de son assiduité à ses études, devint plus sociable pour ses camarades. Il se rapprocha même de quelques-uns dont le caractère doux, modeste et porté au travail, avait attiré son attention. Il aimait à s'entretenir avec eux de la guerre et de la vie des grands capitaines de l'antiquité; il parlait avec feu des exploits des héros grecs et romains et répétait qu'il brûlait de les imiter; c'était le sujet inépuisable et constant de ses conversations.

Napoléon eut peu de liaisons intimes, ne trouvant déjà plus de caractères au niveau du sien : pourtant, c'est de ce temps d'école que datent tant d'amitiés auxquelles il est resté fidèle, et l'on aurait tort ainsi de prétendre qu'il n'eut pas d'amis. Il combla de faveurs tous ceux qui se présentèrent à lui aussitôt qu'il put les protéger et les faire profiter des bienfaits de la fortune, et sa vie est pleine de traits touchants de la permanence de ses sentiments. Un ami, un condisciple, eurent toujours un accès facile auprès de lui et ne firent jamais un vain appel à ses souvenirs de collége. En voici une preuve. Il venait d'être proclamé Consul à vie, quand on lui annonça qu'un individu, se disant ancien élève de Brienne et son condisciple, désirait lui être présenté. Le nom ne lui rappelait aucun souvenir. « Demandez lui, dit-il alors, s'il « n'y a pas quelque fait particulier qui « puisse me le faire reconnaître ? »

— Général, répond l'officier de service, il porte au front une cicatrice assez visible : elle doit, dit-il, vous rappeler un fait qui s'est passé entre vous deux.

— Il a raison, reprend vivement le Premier Consul, je sais ce que c'est que cette

« cicatrice, c'est *un général que je lui ai jeté* « *à la tête :* qu'il entre. » Le camarade de Brienne entra et obtint ce qu'il voulut.

Or, voici ce que c'était que ce général jeté à la tête. Napoléon, comme nous l'avons dit, passionné, dès son jeune âge, pour les jeux militaires, se faisait des armées non-seulement avec des pièces d'ivoire ou de plomb; faute de mieux, il enrégimentait quelquefois des cailloux, et voulait, qu'une fois en ligne, on les respectât comme des soldats. Un élève, un jour, étourdiment ou peut-être avec malice, dérangea son ordre de bataille. Napoléon, irrité, l'en punit aussitôt en lui jetant une des pierres dérangées; et cette pierre, pour notre tacticien précoce, représentait un général. Lancée avec colère, elle frappa l'élève au front, et lui laissa cette marque qu'il porta toute la vie et lui fut si utile dans la circonstance que nous venons de rapporter.

Nommé successivement caporal, sergent, sergent-major, même sous-lieutenant, grades qui n'étaient donnés qu'aux meilleurs élèves, Napoléon devait maintenir l'ordre et distribuer les postes dans les jours de fêtes ou de solennités qui avaient lieu au collége, et il s'en acquittait fort bien. Un jour, à l'occasion de la fête du principal, les élèves devaient jouer la *Mort de César*, revue et arrangée pour eux. Les habitants de Brienne avaient été invités, mais personne ne pouvait entrer sans une carte signée du principal, et des postes avaient été établis pour faire observer cette consigne. Napoléon, ce jour-là, était officier et commandait un poste. Mme Haute, concierge de l'École, et bien connue des élèves, puisqu'elle leur vendait chaque jour des fruits, des gâteaux, etc., se présenta pour assister à la représentation ; mais n'ayant pas de carte, elle ne put entrer. Comme elle insistait, avec l'espoir qu'en faisant du bruit, on finirait par la laisser passer outre, le sergent du poste vint en faire son rapport à l'officier Bonaparte qui, étant d'une extrême sévérité en fait de discipline, s'écria d'une voix impérieuse : « Qu'on éloigne cette femme « qui apporte ici la licence des camps (1). »

Napoléon est né pour commander. — Les fortifications de neige. — La petite guerre. — Napoléon ingénieur et général. — Il est toujours vainqueur. — Le héros de l'école.

En se mêlant aux amusements de ses camarades, Napoléon eut bientôt acquis sur eux un véritable empire; et sa supériorité, bien reconnue et incontestée, lui fit donner, à l'unanimité, la direction des jeux et des exercices militaires. Devenu le guide de ses condisciples, les divertissements prirent l'empreinte de son caractère et ne furent plus que des actions, des combats dans lesquels on luttait avec acharnement sous ses ordres. Quelquefois aussi, allant chercher ses distractions dans les temps héroï-

(1) La femme Haute et son mari furent placés comme concierges à la Malmaison aussitôt que le général en chef de l'armée d'Italie eût fait l'acquisition de cette propriété; et ils y finirent leurs jours. Napoléon avait la mémoire du cœur!

ques, il substituait aux amusements futiles de l'enfance la représentation des faits historiques de l'antiquité, et faisait alors, de la cour de récréation, tantôt un cirque pour des gladiateurs, tantôt une arène pour des jeux olympiques. Il est vrai de dire qu'il y jouait toujours le premier rôle, ne laissant à ses condisciples que les rôles secondaires; mais il en était ainsi plutôt par l'effet d'une espèce de statique morale, par l'ascendant de son mérite, que par ses calculs et ses exigences. Ainsi, à Brienne comme à Ajaccio, il exerçait une influence marquée sur tous, et appliquait déjà cette faculté de commandement qu'il avait reçue de la nature: il était né pour la domination!

Napoléon se livrait avec ardeur à l'étude des sciences qui ont trait à la guerre, et ne rêvait qu'aux moyens de faire l'expérience des théories qu'il avait imaginées. L'hiver de 1783-84, qui fut très froid, vint lui en offrir une occasion. Il était tombé une grande quantité de neige ; les cours et les jardins étaient encombrés, et ne permettaient plus la promenade aux élèves pendant les heures des récréations. C'était une vie beaucoup trop monotone pour Napoléon. Il fit donc entendre à ses camarades qu'ils s'amuseraient beaucoup s'ils voulaient construire avec de la neige, dans la grande cour de l'École, des fortifications qu'ils attaqueraient et défendraient tour-à-tour. « Avec « des pelles, leur dit-il, nous pourrons éta-« blir des passages dans les cours, ouvrir « des tranchées, dresser des parapets, des « cavaliers; les uns soutiendront le siége, « tandis que les autres attaqueront les ou-« vrages. » Le projet fut accepté avec enthousiasme. Tous se mirent au travail avec un plaisir, une ardeur qu'on peut facilement comprendre; et bientôt on ne vit dans les cours et les jardins de l'École que forts et bastions, redoutes et retranchements. Non seulement des habitants de Brienne, mais encore des étrangers, vinrent admirer ces fortifications d'une nouvelle espèce, exécutées avec une intelligence et une précision qui excitaient l'étonnement.

Napoléon était toujours victorieux, soit qu'il se plaçât à la tête des assiégeants, soit qu'il dirigeât la défense des assiégés.

Les seules armes étaient des boules de neige, et les blessures n'étant pas à craindre, les professeurs assistèrent avec plaisir à ces divertissements, les encouragèrent même en applaudissant à ceux qui s'y distinguaient, soit par leur adresse, soit par l'invention de quelques stratagèmes. Le futur conquérant de la Hollande, Pichegru, élevé gratuitement par les Minimes, et que son intelligence avait fait distinguer, assistait alors à ces jeux militaires sous la robe modeste d'un répétiteur de mathématiques.

Napoléon, d'ingénieur, était devenu général. C'était lui qui avait dirigé tous les travaux, ce fut lui qui fut encore chargé de prescrire l'ordre de l'attaque et de la défense, d'indiquer tous les mouvements. Déjà fécond en expédients, il trouvait le moyen de tenir l'intérêt constamment éveillé par la fécondité de ses ressources, de ses ruses et la précision de ses commandements. Il imaginait, tous les jours, quelques manœuvres nouvelles et restait toujours victorieux; soit qu'il se plaçât à la tête des assiégeants, soit qu'il dirigeât la défense des assiégés. Mais le dégel arriva, le soleil de mars vint fondre armes et retranchements; et, de petites pierres, mêlées à la neige, ayant blessé quelques élèves, les professeurs, au grand regret de tous, durent mettre fin à cette singulière campagne d'hiver.

Tels furent les premiers essais du grand capitaine ; ce fut à ces jeux de l'adolescence qu'il prit les premières leçons de la victoire. Encore quelques années, et l'écolier de Brienne sera le héros de Lodi, d'Arcole, des Pyramides.....

Des dispositions si prononcées pour l'art militaire n'échappaient point à la sagacité des professeurs; et Napoléon, remarqué pour son penchant réfléchi à respecter la règle et à remplir ses devoirs, non moins que pour son ardeur au travail, était proposé comme modèle aux élèves : il était devenu le héros de l'école.

Les études à Brienne. — Le professeur d'écriture. — Une fable de Napoléon.

La chimie, la physique et l'astronomie étaient à peu près négligées à Brienne, et Napoléon se livrait presque exclusivement et avec de grands succès, à l'étude des sciences qui devaient être les instruments de sa gloire : la fortification, l'attaque et la défense des places, l'histoire et la géographie. « Ma tête commençait à fermenter, « a-t-il dit à Sainte-Hélène, en parlant de ses « souvenirs d'école ; j'avais besoin d'ap- « prendre, de savoir, de parvenir ; je dé- « vorais les livres. » Mais Napoléon ne se plaisait ni à la littérature, ni aux langues étrangères, ni aux arts d'agrément ; son écriture, qui devint plus tard illisible, était déjà presque indéchiffrable.

Dans les premiers jours de l'Empire, un homme âgé et d'une mise plus que modeste, arriva au palais de Saint-Cloud, et sollicita une audience du souverain.

— Qui êtes-vous et que voulez-vous ? lui

demanda sèchement Napoléon, qui l'avait fait introduire presque aussitôt.

— Sire, répondit le solliciteur fort intimidé, c'est moi qui ai eu le bonheur de donner des leçons d'écriture à Votre Majesté pendant quinze mois à Brienne.

— Le bel élève que vous avez fait là, reprend vivement l'Empereur; je vous en fais mon compliment.

Puis, se prenant à rire de sa vivacité, il le congédia en lui adressant quelques paroles bienveillantes, et ajouta : « c'est bien, je penserai à vous, je n'oublierai pas mon maître d'écriture. »

En effet, quelques jours après, le professeur de Brienne reçut une pension de 1,200 fr.

On a dit que Napoléon n'était fort qu'en mathématiques et n'aimait pas les lettres. Cependant, voici une fable qui lui est attribuée pendant qu'il était à Brienne, et dont le manuscrit, écrit de sa main, se trouve dans une collection d'autographes appartenant au duc de Saxe-Weymar.

LE CHIEN, LE LAPIN, LE CHASSEUR.

César, chien d'arrêt renommé,
Mais trop enflé de son mérite,
Tenait, arrêté dans son gîte,
Un malheureux lapin de peur inanimé.
« Rends-toi » lui cria-t-il d'une voix de tonnerre,
Qui fit au loin trembler les peuplades des bois :
« Je suis César, connu par ses exploits
« Et dont le nom remplit toute la terre. »
A ce grand nom, Jeannot Lapin,
Recommandant à Dieu son âme pénitente,
Demandé d'une voix tremblante:
— Très sérénissime mâtin ;
Si je me rends, quel sera mon destin ?
—Tu mourras.....—Je mourrai, dit la bête innocente,
Et si je fuis ? — Ton trépas est certain.
Quoi, reprit l'animal qui se nourrit de thym,
Des deux côtés, je dois perdre la vie?
Que votre auguste seigneurie
Veuille me pardonner, puisqu'il me faut mourir,
Si j'ose tenter de m'enfuir.
Il dit et fuit en héros de garenne.
Caton l'aurait blâmé, je dis qu'il n'eut pas tort;
Car le chasseur le voit à peine
Qu'il l'ajuste, le tire..... et le chien tombe mort.
Que dirait de ceci notre bon Lafontaine ?
Aide-toi, le ciel t'aidera.
J'approuve fort cette méthode-là !

Lafontaine ne désavouerait peut-être pas cette jolie fable d'un enfant de quinze ans, où l'on retrouve la concision du style, la naïveté si fine, et l'expression toujours juste et vraie de l'inimitable fabuliste.

L'examen. — M. de Kéraglio et les Minimes. — Napoléon mérite de passer à l'école de Paris. — Départ de Brienne.

L'époque des examens était arrivée, Napoléon fut un de ceux que le concours d'usage désigna pour aller achever son éducation à l'École Royale Militaire de Paris. Ses talents avaient fixé le choix du chevalier de Kéraglio, maréchal-de-camp, chargé de l'inspection, officier loyal, qui devait lui-même son avancement à son propre mérite. Vieillard aimable, se plaisant à ses fonctions d'examinateur, il aimait les enfants, jouait avec eux après les avoir interrogés, et retenait avec lui, à la table des Minimes, ceux qui l'avaient le plus satisfait. Il avait pris en grande affection le jeune Napoléon, qu'il se plaisait à exciter de toutes ma-

12

nières. Déjà l'année précédente, M. de Kéraglio avait manifesté l'intention de le faire appeler à l'école de Paris, bien qu'il n'eût pas encore l'âge requis; mais les professeurs s'y étaient opposés. Cette année, les Pères Minimes représentaient encore que, l'enfant n'étant fort que sur les mathématiques, il serait mieux d'attendre à l'année suivante, qu'il aurait ainsi le temps de se fortifier sur tout le reste; ce que ne voulut pas entendre le bon chevalier. « Je sais ce que je fais, disait-il; si je « passe ici par-dessus la règle, ce n'est pas « une faveur de famille, je ne connais pas « celle de cet enfant; c'est tout-à-fait à « cause de lui-même. J'aperçois ici une étin- « celle qu'on ne saurait trop cultiver. » M. de Kéraglio mourut peu de temps après; s'il eût vécu quelques années encore, il eût pu s'énorgueillir à juste titre d'avoir été un des premiers à pressentir dans l'enfant le génie le plus prodigieux qui ait jamais étonné le monde. Voici sa note sur Napoléon :

ÉCOLE ROYALE MILITAIRE DE BRIENNE.

État des élèves du roi, susceptibles par leur âge d'entrer au service ou de passer à l'école de Paris, savoir :

« M. Bonaparte (Napoléon), né le 15 août « 1769, taille de 4 pieds, 10 pouces, 10 li« gnes, de bonne constitution, excellente « santé, caractère soumis, honnête et re« connaissant ; sa conduite est très régulière. « Il s'est toujours distingué par son applica« tion aux mathématiques, sait passable« ment l'histoire et la géographie ; il est « faible dans les arts d'agrément. Ce sera « un excellent marin : mérite de passer à « l'école de Paris. »

Le chevalier de Renault, qui succéda à M. de Kéraglio, respecta les instructions de son prédécesseur ; Napoléon fut nommé à une place d'élève du roi à l'École Royale Militaire de Paris, le 1er septembre 1784. Il était entré à l'école de Brienne à l'âge de neuf ans, huit mois et huit jours ; il y passa cinq ans, quatre mois et vingt-cinq jours, et en sortit à l'âge de quinze ans et deux mois, ainsi qu'il résulte de l'extrait suivant du registre de sortie de l'École.

« Le 17 septembre 1784, est sorti de l'École « Royale Militaire de Brienne M. Bona- « parte (Napoléon), né en la ville d'Ajaccio, « le 15 août 1769, fils de noble Charles-Ma- « rie Bonaparte, député de la noblesse « corse, demeurant en ladite ville d'Ajac- « cio, et de dame Letizia Ramolino. Reçu « dans cet établissement le 23 avril 1779. »

Le futur César, léger d'argent et avec un mince bagage, monta sur le coche de Nogent-sur-Seine qui devait l'amener à Paris. M. Dupuis, le principal, le vit partir avec un vif regret; le Père Patrault était consterné de la perte de son premier mathématicien, et les élèves restaient silencieux, sentant qu'un grand vide allait se faire parmi eux à la suite du départ de celui qui avait présidé à leurs jeux, excité leur curiosité et préoccupé si souvent leurs jeunes imaginations.

CHAPITRE VII.

NAPOLÉON A L'ÉCOLE MILITAIRE DE PARIS.

L'école de Paris. — Entrée de Napoléon à cette école. — Il a pour professeur Monge et Laplace. — Mort de Charles Bonaparte. — Ses dernières paroles. — Napoléon apprend la mort de son père. — Lettres à son oncle, à sa mère. — Mme Letizia. — Napoléon est confirmé. — Heureuse répartie. — Lectures de Napoléon. — Leur influence. — Paroles de Napoléon en 1806. — Austérité des mœurs de Napoléon. — Somptuosité de l'école de Paris. — Mémoire remarquable de Napoléon à ce sujet. — Le fort de Tymburne. — Manière d'étudier de Napoléon. — Opinion de ses professeurs sur lui. — Le professeur d'allemand. — Napoléon à 16 ans. — Son examen. — Il est nommé lieutenant d'artillerie en second. — — Départ de l'école de Paris.

CHAPITRE VII.

Napoléon se préparait par des études sérieuses à marcher à pas de géant dans sa carrière de prodiges.

MÉM. DU PRINCE DE CANINO.

NAPOLÉON A L'ÉCOLE MILITAIRE DE PARIS.

L'école de Paris. — Entrée de Napoléon à cette école. — Il a pour professeurs Monge et Laplace.

L'École Royale Militaire de Paris avait été fondée, avec une grande magnificence, par un édit de Louis XV, de janvier 1751 (1), pour l'éducation de cinq cents enfants de gentilshommes peu fortunés. Le comte de Saint-Germain, ministre de la guerre, en changea l'organisation par une ordonnance du 1er février 1776. Les élèves portés au nombre de six cents, cessèrent d'être réunis à l'école

(1) Le célèbre financier Pâris du Verney, en avait présenté le projet vers la fin de l'année 1750.

de Pâris qui fut supprimée, et furent répartis dans des collèges de province tenus par des religieux (1). Le but de cette mesure avait été de mettre cet établissement plus à la portée des familles auxquelles il était destiné et plus en rapport avec leur état de fortune. Mais l'école de Paris fut bientôt rétablie (1777), et devint une espèce de chef-lieu, d'école centrale où les élèves des colléges de province furent admis, après un examen sérieux passé devant un officier général qui allait les inspecter chaque année, accompagné de deux membres de l'Académie. Cette admission était ainsi l'objet des vœux des élèves, la récompense offerte à ceux qui s'étaient le plus distingués dans leurs études.

Napoléon entra, le 19 octobre 1784, à

(1) A Sorèze (Bénédictins), Brienne (Minimes), Tiron (Bénédictins), Rebais (*Id.*), Beaumont (*Id.*), Pont-le-Voy (*Id.*), Vendôme (Oratoriens), Effiat (*Id.*), Pont-à-Mousson (Chanoines réguliers de Saint-Sauveur), Tournon (Oratoriens). On ajouta à ces colléges, ceux d'Auxerre et de Dôle, tenus par des Bénédictins.

cette école, où se trouvaient alors, comme professeurs, deux des plus grands génies de la science moderne : Monge et Laplace. Voici la note de son admission : « Napoléon « Bonaparte, admis à l'École Royale Mili- « taire de Paris, élève du roi, comme s'é- « tant distingué par la pureté de ses mœurs, « sa discipline, son application aux sciences « et les progrès qu'il y avait faits. »

Dévoré du désir d'apprendre, pressé du besoin de parvenir, Napoléon se distingua à l'école de Paris par les mêmes qualités qui l'avaient fait remarquer au collége de Brienne : conduite exacte, mœurs sévères, respect absolu de la discipline, passion pour le travail et surtout grande aptitude pour toutes les sciences. « Parvenu à l'âge de « puberté, dit-il un jour, je devins mo- « rose et sombre. Je cherchai un refuge « contre l'envahissement des sensations « dans la lecture, qui fut chez moi poussée « jusqu'à la rage. »

Comme à Brienne, son plus grand bonheur était la solitude, disposition d'esprit si favorable au développement des idées et à la maturité du jugement; et, pour satisfaire cette passion, il inventait autant de stratagèmes que les autres élèves pour se livrer aux distractions, aux jeux bruyants de l'enfance. Voici, à ce sujet, une anecdote singulière rapportée par M. des Mazis, son camarade de chambre à l'école militaire, celui qu'à Sainte-Hélène, il a décoré du nom de son meilleur ami.

M. des Mazis, étant tombé malade, avait été transporté à l'infirmerie de l'école, et Napoléon était devenu seul maître de la petite chambre commune. Que fait-il aussitôt? Il imagine de se dire indisposé, et demande, comme une faveur, la permission de rester chez lui, n'ayant besoin que d'un peu de repos. Cette permission obtenue, il se munit de quelques provisions et court se séquestrer dans sa chambre. Il tire, en plein jour, les volets, et n'est occupé, pendant quelques instants, qu'à fermer la moindre issue, jusqu'à ce que le plus mince rayon de soleil ne puisse venir l'importuner. Enfin, l'obscurité est complète, et notre solitaire se met alors à méditer, écrivant, à la lueur d'une lampe, le fruit de ses méditations. Mais le corps a des sujétions impérieuses. Après deux jours passés sans qu'on entendît parler de lui, Napoléon fut obligé de revenir à la lumière. En quittant sa chère solitude, il alla raconter à son ami des Mazis combien il avait été heureux dans ce silence absolu, et parla avec enthousiasme des délices de la méditation. Peut-être que dans ces ténèbres profondes, comme tourmenté par l'obsession d'un génie qui ne se connaissait point encore, des pensées étranges l'avaient emporté vers un merveilleux avenir !.....

Mort de Charles Bonaparte. — Ses dernières paroles. — Napoléon apprend la mort de son père. — Lettres à son oncle, à sa mère. — Mme Letizia.

Une douloureuse nouvelle vint surprendre Napoléon au milieu de ses études. Son père, depuis longtemps malade, venait de mourir à Montpellier. Joseph, que Charles Bonaparte conduisait à l'École de Metz et l'abbé

Fesch, accouru précipitamment du séminaire d'Aix, avaient pu seuls recueillir le dernier soupir du mourant. Charles Bonaparte, quelques instants avant sa dernière heure, dit à Joseph d'une voix entrecoupée par l'agonie : « J'aurais bien voulu voir en-« core mon cher petit Napoléon..... sa « présence aurait adouci mes derniers mo-« ments..... Mais Dieu..... ne m'a point per-« mis de le presser sur mon cœur... Joseph, « charge-toi..... de mon dernier embrasse-« ment pour Napoléon..... » Et, les instincts militaires de son fils lui revenant sans doute à l'esprit dans les instants de délire, il ne rêvait que de lui et l'appelait sans cesse pour qu'il vînt à son secours *avec sa grande épée*..... On eut dit que le père mourant avait vision de la destinée de son fils.....

Napoléon fut instruit, le 23 mai 1785, par une lettre de son frère Joseph, de la perte qu'il venait de faire, perte si douloureuse pour lui, chez qui la piété filiale, cette première vertu des enfants bien nés, avait de profondes racines. Il écrivit aussitôt à son grand-oncle l'Archidiacre cette lettre qui nous a été conservée :

« Mon cher oncle,

Il serait inutile de vous exprimer com-« bien j'ai été sensible au malheur qui vient « de nous arriver. Nous avons perdu en lui « un père et Dieu sait quel père, quelle était « sa tendresse, son attachement pour nous ! « Hélas ! tout nous désignait en lui le sou-« tien de notre jeunesse. Vous avez perdu « en lui un neveu obéissant, reconnaissant. « — Ah ! mieux que personne, vous sentez « combien il vous aimait ! La patrie, j'ose « même le dire, a perdu par sa mort un « citoyen zélé, éclairé et désintéressé. Les « dignités, dont il a été plusieurs fois honoré, « marquent assez la confiance qu'avaient en « lui ses concitoyens ; et cependant, le ciel « l'a fait mourir ! En quel endroit ? Eloigné de « son pays, dans une contrée étrangère, « indifférente à son existence, loin de tout « ce qu'il avait de plus précieux ! Un fils, il

« est vrai, l'a assisté dans ce moment ter-
« rible ; ce dût être pour lui une consolation
« bien grande ; mais certainement pas com-
« parable à la triste joie qu'il aurait éprou-
« vée, s'il avait terminé sa carrière dans sa
« maison, près de son épouse et de toute sa
« famille. Mais l'Être Suprême ne l'a pas
« ainsi permis ; sa volonté est immuable.
« Lui seul peut nous consoler. Hélas ! du
« moins, s'il nous a privés de ce que nous
« avions de plus cher, il nous a laissé
« encore les personnes qui peuvent le rem-
« placer.

« Daignez donc nous tenir lieu du père
« que nous avons perdu. Notre attache-
« ment, notre reconnaissance seront pro-
« portionnés à un service si grand. Je finis
« en vous souhaitant une santé semblable à
« la mienne.

« Votre très humble et très obéissant ser-
« viteur et neveu,

« Napoléon Bonaparte.

« Paris, 23 mai 1785. »

Il écrivit le même jour à sa mère :

« Ma chère mère,

« Aujourd'hui que le temps a un peu « calmé les premiers transports de ma dou-« leur, je m'empresse de vous témoigner « la reconnaissance que m'inspirent les « bontés que vous avez pour nous. Consolez-« vous, ma chère mère, les circonstances « l'exigent ; nous redoublerons de soins et « de dévouement ; heureux si nous pouvons, « par notre obéissance, vous dédommager « un peu de l'inestimable perte de cet époux « chéri. Je termine, ma chère mère (ma « douleur me l'ordonne), en vous priant de « calmer la vôtre. Ma santé est parfaite, et je « prie tous les jours que le ciel vous en gra-« tifie d'une semblable. Présentez mes res-« pects à Zia Gertruda, Minana Saveria, « Minana Fesch, etc.

« *P.-S.* — Le reine de France est accou-

« chée d'un prince, nommé duc de Nor-
« mandie, le 27 de mars, à 7 heures
« du soir.

« Votre très humble et affectueux fils,

« Napoléon BONAPARTE.

« Paris, le 23 mai 1785. »

Mme Letizia, âgée seulement de trente-cinq ans, restait veuve avec huit enfants, — cinq garçons et trois filles, — dont le plus jeune, Jérôme, était encore au berceau. Le goût de son mari pour le faste et la dépense avait laissé de l'embarras dans les affaires de la famille. Mais avec de l'ordre et de l'économie, elle parvint à les remettre dans un état prospère; son guide, son appui, dans cette tâche difficile, fut son oncle l'Archidiacre.

La fortune patrimoniale était bien relevée, lorsqu'en janvier 1793 Paoli livra la Corse aux Anglais, croyant, à la faveur de nos troubles, la rendre à l'indépendance. Il voulut entraîner la famille Bonaparte dans le parti de l'insurrection ; mais, inébranlable dans sa fidélité à la France, Mme Letizia répondit comme une Cornélie aux envoyés du rebelle : « Je ne connais pas deux lois ; mes « enfants et ma famille ne connaissons que « celle du devoir et de l'honneur. » Cette fière réponse allait attirer sur elle la plus terrible vengeance. Eveillée tout-à-coup, pendant la nuit, elle voit sa chambre remplie de montagnards, et croit être tombée dans les mains d'ennemis irrités. Mais à la lueur d'une torche de sapin, elle reconnaît des amis ayant à leur tête Costa de Bastelica, le plus dévoué des partisans des Bonaparte. « Vite ! signora, dit Costa, les gens de « Paoli nous suivent de près, ils ont ordre « de s'emparer de vous et de vos enfants « morts ou vifs. » Il n'y a pas un moment à perdre ; la mère et les enfants se lèvent à la hâte, et, placés au centre de la colonne, sortent d'Ajaccio. On marcha toute la nuit, on s'enfonça dans la montagne, et le jour n'était pas venu que la flamme, s'élevant en épais tourbillons du milieu de la ville, attira les yeux des fugitifs. « C'est votre « maison qui brûle, dit l'un d'eux à Mme Letizia. « — Eh! qu'importe, répond la cou- « rageuse femme, nous la rebâtirons plus « belle : vive la France! » Une troupe de montagnards venait, en effet, d'incendier la maison des Bonaparte, après avoir emmené leurs troupeaux, arraché leurs vignes et dévasté leurs champs. Mme Letizia fut réduite alors à errer le long de la côte avec ses enfants et ses défenseurs jusqu'à ce qu'un navire pût la transporter à Marseille, où elle arriva, dénuée de tout et ruinée, cette seconde fois, pour son dévouement à la France.

Napoléon est confirmé. — Heureuse répartie. — Lectures de Napoléon. — Leur influence. — Paroles de Napoléon en 1806.

Napoléon fut confirmé, le 25 mai 1785, par Monseigneur Leclerc de Juigné, archevêque de Paris. Une particularité signala cette cérémonie. Quand le prélat entendit le nom de Napoléon, il manifesta de l'étonnement, et dit : « Mais ce saint ne figure « pas dans le calendrier. » — Par la raison, « Monseigneur, reprit vivement l'enfant, « qu'il y a des milliers de saints et seulement « ment 365 jours dans l'année. »

Dans l'accomplissement de ce second acte de la vie chrétienne, rendu plus solennel encore pour lui par la perte douloureuse et toute récente qu'il venait d'éprouver, Napoléon montra une piété ardente et sincère comme le jour de sa première communion.

Probablement la cause qui lui permit de conserver des sentiments religieux, qu'on ne trouvait plus guère à la fin de 18me siècle dans la jeunesse des classes élevées, c'est que l'instinct supérieur de son esprit, l'entraînant vers l'antiquité grecque et latine, le tenait éloigné des écrits philosophiques que tout le monde dévorait alors. A Paris comme à Brienne, il était toujours le même travailleur, solitaire et méditatif, ne lisant que Polybe, César, Plutarque surtout, dont les héroïques récits prenaient toute son âme, et développaient les germes d'enthousiasme et d'amour de la gloire que la nature avait mis en lui. Ainsi son esprit, constamment attiré et comme absorbé par la simplicité et la grandeur antiques, était resté fermé aux doctrines dissolvantes des auteurs contemporains.

A cet âge, où, sans doute, ne se forment pas encore les opinions, mais les instincts de l'homme, cet éloignement pour les écrivains modernes ne fut probablement pas sans influence, plus tard, sur la répulsion invincible que, Général, Premier Consul, Empereur, il manifesta, en toute occasion pour l'idéologie et la métaphysique anarchique du 18me siècle, dont les idées et les principes anti-religieux troublèrent si profondément, à l'origine de notre révolution, les têtes politiques les plus saines et les plus fortes.

« Nulle société, ne peut exister sans mo-
« rale, dit un jour Napoléon (7 juin 1806)

dans un discours qu'il adressa aux curés de Milan, « et il n'y a pas de bonne morale « sans religion. Il n'y a donc que la reli- « gion qui donne à l'Etat un appui ferme et « durable. Une société sans religion est « comme un vaisseau sans boussole ; un « vaisseau dans cet état ne peut ni s'assurer « de sa route, ni espérer d'entrer au port ; « une société sans religion, toujours agitée, « perpétuellement ébranlée par le choc des « passions les plus violentes, éprouve en « elle-même toutes les fureurs d'une guerre « intestine qui la précipite dans un abîme de « maux et qui, tôt ou tard, entraîne infailli- « blement sa ruine. »

Austérité des mœurs de Napoléon. — Somptuosité de l'école de Paris. — Mémoire remarquable de Napoléon à ce sujet.

Les sentiments religieux de Napoléon, tout particuliers qu'ils fussent à cette époque, où l'irréligion était de mode, n'était pas le seul trait de son caractère qui le fît contraster avec les autres élèves ; il se distinguait encore par l'austérité de ses mœurs et par sa réserve pleine de fierté, conservant au milieu de ses condisciples, dont quelques uns étaient riches et fastueux (1), un âpre mépris des richesses, du luxe et des agréments de la vie. « Ma mère, répondait-il à ceux qui lui proposaient de prendre part à des plaisirs qui pouvaient être dispendieux, « ma mère n'a déjà que trop de charges, je « ne dois pas les augmenter par des dé- « penses inutiles, imposées, même le plus « souvent, par la folie stupide de mes « camarades. »

Il blâmait ainsi hautement et avec un ton tranchant, trouvant ridicule, contraire surtout à l'égalité qui devait régner entre des jeunes gens destinés au métier des armes que quelques-uns pussent écraser leurs camarades par des dépenses exagérées, au-dessus des moyens de tous; il trouvait in-

(1) On avait créé, dans l'hôtel de l'École militaire, un compagnie de cadets gentilshommes qui payaient une pension annuelle de 2,000 livres et 400 livres pour les premiers frais de leur habillement et équipement.

convenant aussi que les repas fussent servis avec plus de somptuosité assurément que la plupart des tables de famille ; il trouvait enfin hors de toute raison que l'école fût sur un pied si brillant, si dispendieux. A ce propos, il crut devoir adresser au gouverneur de l'école, le marquis de Tymburne-Valence, un mémoire où il démontrait que cette éducation était réellement pernicieuse et ne pouvait atteindre le but que tout gouvernement sage devait se proposer. « Les élèves du roi, disait-il, « tous pauvres gentilshommes, ne pourront « y puiser, au lieu des qualités du cœur, « que l'amour de la gloriole, ou plutôt des « sentiments de suffisance et de vanité tels « qu'en regagnant leurs pénates, loin de « partager avec plaisir la modique aisance « de leurs familles, ils rougiront peut-être « des auteurs de leurs jours et dédaigneront « peut-être leur modeste maison.

« Au lieu d'entretenir un nombreux do- « mestique autour de ces élèves, de leur « donner journellement des repas à deux

« services, de faire parade d'un manége « très coûteux, tant pour les chevaux que « pour les écuyers, ne vaudrait-il pas mieux, « sans toutefois interrompre le cours de « leurs études, les astreindre à se suffire à « eux-mêmes, c'est-à-dire, moins leur petite « cuisine, qu'ils ne feraient pas, leur faire « manger du pain de munition ou d'un qui « en approcherait, les habituer à battre, « brosser leurs habits, nettoyer leurs sou-« liers et leurs bottes? Puisqu'ils sont loin « d'être riches, et que tous sont destinés « au service militaire, n'est-ce pas la seule « et véritable éducation qu'il faudrait leur « donner? Assujettis à une vie sobre, à « soigner leur tenue, ils en deviendraient « plus robustes, sauraient braver les intem-« péries des saisons, supporter avec courage « les fatigues de la guerre, enfin, inspirer le « respect et un dévouement aveugle aux « soldats qui seront sous leurs ordres (1). »

Que de droiture de cœur, d'élévation

(1) Le 9 octobre 1787, sous le ministère du comte de Brienne, qui avait remplacé à la guerre le maréchal de

d'âme dans ces réflexions, bases du système que Napoléon a mis en pratique plus tard, lors de l'institution des maisons impériales militaires ! Ne peut-on pas y reconnaître déjà l'esprit de l'organisateur, du législateur profond, non moins ami du soldat que de la discipline et des mœurs ?...

Le Fort de Tymburn.— Manière d'étudier de Napoléon. — Opinion de ses Professeurs sur lui. — Le Professeur d'allemand.

L'inclination de Napoléon pour le métier des armes se révélait de plus en plus, et son intelligence grandissant, embrassait ardemment toutes les connaissances qui avaient trait à la guerre. Mais il annonçait

Ségur, le roi fit un règlement dont les considérants paraissaient basés sur ce mémoire et que voici :

« Sa Majesté, forcée, par des besoins impérieux, à rechercher scrupuleusement tout ce qui peut tendre au soulagement de ses peuples, reconnaissant qu'une partie de l'établissement de Paris semblait consacrée au luxe et à la magnificence, et qu'en la supprimant, il serait possible de multiplier le nombre des élèves dans les écoles de province et, en même temps, de faire tourner, au profit du trésor royal, les sommes considérables absorbées par des dépenses inutiles, etc. »

un militaire plutôt par ses facultés morales que par ses dispositions physiques, car, si personne ne concevait mieux et plus promptement que lui les moyens et le but d'une évolution, personne aussi n'était moins propre que lui à l'exécuter et ne faisait l'exercice avec moins d'habileté : enfin, il passait bien moins de temps à la salle d'armes qu'à la bibliothèque.

Dès son arrivée à l'École de Paris, Napoléon s'était occupé spécialement de l'artillerie et du génie, ces corps étant alors les seuls en France dans lesquels l'intrigue et la richesse ne procuraient pas aussi facilement les places réclamées par le mérite. Pour étudier les ouvrages de nos plus célèbres ingénieurs, il se retirait souvent dans un petit fort, appelé Tymburn, qu'on avait construit au bout de la promenade pour l'instruction des élèves (1). Là, toujours seul, appuyé sur un parapet, et tenant a la main Folard, Cohorn ou Vauban, il traçait des

(1) Aujourd'hui le Champ-de-Mars, qui dépendait de l'Ecole militaire avant qu'elle ne fût supprimée.

plans pour l'attaque ou la défense de cette petite forteresse.

Napoléon se retirait souvent dans un petit fort appelé Tymburn et traçait des plans pour l'attaque et la défense de cette petite forteresse.

Mais l'étude des maîtres de la science militaire n'occupait pas toutes ses pensées: il continuait à lire avec passion les historiens de l'antiquité, rangeant avec ordre dans sa mémoire, sûre et fidèle, toutes les phases remarquables de l'existence des nations et de la vie des grands hommes qui les ont conquises ou gouvernées ; il lisait aussi beaucoup, et toujours la plume à la main, — ce qui est un besoin pour tout lecteur sérieux — les historiens de nos dernières guerres, dont il faisait des extraits. Il discutait, critiquait ensuite les idées de l'auteur qu'il étudiait, et quand il soumettait à ses professeurs les objections que lui fournissaient ses méditations sur l'histoire ou l'art de la guerre, il les étonnait toujours par la justesse, l'originalité des idées et quelquefois par des conceptions neuves et savantes. Personne ne savait mieux que lui signaler les fautes ou exalter les hauts faits de nos grands capitaines.

Napoléon, après six mois de séjour à l'Ecole, n'était plus considéré comme ses condisciples : sa conduite sévère, ses lectures graves, le nerf et la concision de son style, et ses pensées inattendues, originales, en faisait un élève tout-à-fait hors ligne. A une imagination ardente et portée au merveilleux, il joignait le bon sens le plus rare, l'esprit le plus positif; il étudiait sans effort, rien ne lui semblait difficile, rien ne le rebutait : Dieu lui avait donné un génie qui pénétrait tout facilement. Encore enfant par l'âge, il était homme par la réflexion et la résolution ; et des traits caractéristiques, échappés à sa jeunesse, pouvaient faire deviner déjà le grand capitaine, que rien ne devait arrêter dans l'exécution de ce qu'il croyait utile.

Un jour il parlait de Turenne avec enthousiasme : « C'est, en effet, une des gloires « de la France, lui disait-on, mais je l'ai« merais mieux s'il n'eût pas incendié le « Palatinat. — Eh ! qu'importe, reprit vive« ment Napoléon, si cet incendie était né« cessaire à ses vues. ».

Tout annonçait dès lors chez Napoléon

des qualités exceptionnelles. Ce génie qui s'éveillait à peine excitait l'étonnement et faisait pressentir l'homme extraordinaire. Son professeur d'histoire, M. de l'Eguillé, dans le compte-rendu qu'il avait fait de ses élèves, l'avait ainsi noté : « *Corse de nature* « *et de caractère, il ira loin si les circons-* « *tances le favorisent.* » Ce professeur se vantait d'avoir vu plus loin que les autres, et disait que si l'on faisait des recherches dans les archives de l'École, on y trouverait qu'il avait prédit une grande carrière à son élève, en exaltant dans ses notes la profondeur de ses réflexions et la sagacité de son jugement.

M. Dumairon, professeur de belles-lettres, disait qu'il avait toujours été frappé de la bizarrerie des amplifications de Napoléon; il les avait appelées « *du granit chauffé au volcan.* » Un seul professeur s'y trompa, ce fut le gros et lourd professeur d'allemand, M. Bauer, qui ne supposait rien au-dessus de l'étude de sa langue, et Napoléon n'y faisait aucun progrès.

Où est donc l'élève Bonaparte? demanda-t-il un jour qu'il ne le voyait pas à son banc.

— Il passe un examen préparatoire pour l'artillerie, répondit un élève.

— Mais est-ce qu'il sait quelque chose? reprit ironiquement l'épais Bauer.

— Comment, monsieur, mais c'est le plus fameux mathématicien de l'École, lui répondit-on.

— Eh bien! j'avais raison de penser que les mathématiques n'allaient qu'aux bêtes.

Il serait curieux, disait Napoléon à Sainte-Hélène, de savoir si M. Bauer a vécu assez longtemps pour jouir de son jugement...

Napoléon à 16 ans. — Son examen. — Il est nommé lieutenant d'artillerie en second. — Départ de l'École de Paris.

Quoique Napoléon eût reçu de la nature une complexion propre à résister à la fatigue, il offrait toujours les apparences d'une santé faible et délicate, sa constitution ayant souffert beaucoup de la longue inaction à laquelle il s'était astreint pendant les premières années consacrées tout entières à l'étude. Il était d'une stature moyenne et remarquable par l'ampleur de ses épaules, par son front large et proéminent. Il avait les cheveux bruns, le menton effilé, le visage allongé, le teint d'un jaune pâle et ses yeux, d'un bleu foncé, pleins de feu, intimidaient déjà par leur fixité, quand le sourire de sa bouche, admirablement modelée, ne charmait pas par l'expression douce et bienveillante qu'il savait lui donner. L'expression générale de ses traits n'avait rien de frappant à la première vue ; mais en l'observant avec attention, on distinguait facilement en lui ce qui annonce un profond penseur, une noble nature, et son regard ferme et direct indiquait la résolution et la constance, cette vertu essentielle du héros.

Au commencement d'août 1785, Napoléon (1) termina ses études militaires par un

(1) On exigeait alors au concours des élèves aspirants du corps royal d'artillerie, l'arithmétique, la géométrie,

brillant concours dans lequel un de ses examinateurs, l'illustre Laplace, lui donna de grands éloges. Il figura le premier sur la liste soumise au ministère, et fut nommé, le 17 septembre 1785, lieutenant d'artillerie en second au régiment de La Fère. Il reçut, avec son brevet, au commencement du mois suivant, l'ordre de joindre son régiment, qui tenait garnison à Valence, en Dauphiné. Napoléon avait alors seize ans et deux mois.

Ici, je cesse de suivre mon héros; mon seul objet était de raconter les premières années de l'enfant d'Ajaccio, de l'écolier de Brienne, de mettre en lumière quelques-

la trigonométrie rectiligne, l'algèbre, jusqu'au binôme de Newton, la mécanique et l'hydrostatique du cours de Bezout.

uns de ces traits ignorés qui font présager une haute destinée.

Napoléon va bientôt commencer sa carrière si féconde en prodiges. Homme de guerre, il surpassera les exploits des plus grands capitaines, et le monde restera longtemps ébloui des merveilleuses campagnes d'Italie, d'Égypte, d'Allemagne..... Organisateur d'un nouvel ordre social, il étonnera les savants par l'étendue presque infinie de ses connaissances, par sa conception si rapide en administration, en finances, en législation. Et comme s'il devait épuiser tous les genres de grandeur, la fortune, lasse de le suivre, le trahira un jour. Alors le héros sera complet. Aussi grand dans les revers que dans le triomphe, il se montrera supérieur à la plus cruelle infortune comme à la plus haute prospérité; il aura l'héroïsme du malheur comme il avait eu celui de la gloire.....

Conquérant, législateur, fondateur d'empire, Napoléon est sans rivaux dans l'histoire des peuples; nul homme n'a fait sentir une puissance aussi magique. Dans le monde, il n'est plus aujourd'hui qu'un seul grand souvenir, c'est le sien; et les générations futures rediront d'âge en âge le nom de Napoléon.....

FIN.

TABLE DES MATIÈRES.

CHAPITRE Ier.

CHAPITRE II.

CHAPITRE III.

CHAPITRE IV.

CHAPITRE V.

CHAPITRE VI.

CHAPITRE VII.

FIN DE LA TABLE.

Argenteuil. — Imprimerie de WORMS et Cie.

www.ingramcontent.com/pod-product-compliance
Ingram Content Group UK Ltd.
Pitfield, Milton Keynes, MK11 3LW, UK
UKHW021145260726
13994UKWH00001B/310

9 782329 400709